heiner link_mein jahrtausend

www.residenzverlag.at

Gestaltung: typic®/wolf
Bildbearbeitung: Klaus Kindermann
Druck und Bindung: Wiener Verlag, Himberg
Printed in Austria
ISBN 3-7017-1272-7

heiner link

mein jahrtausend

Residenz Verlag

...

Hat der hat das irgendwas zu tun mit ich bin ich weil mein
kleiner Hund mich kennt.
Was ist der Chor.
Chor Was ist der Chor.
Jedenfalls ist da das Problem der Identität.

GERTRUDE STEIN

Inhalt

album, roman

album_kapitel_01

Phantombild

Opfer Jörg K., Polizei-Phanthombild: *Verblüffende Ähnlichkeit*

Verblüffende Ähnlichkeit? Es wundert mich nicht, daß man jetzt auch von den Opfern Phantombilder anfertigt, verblüffend ähnliche sogar. Mein eigenes Phantombild will ich später nachreichen, vielleicht sogar mehrere. Ich denke, es ist nicht mal ausgeschlossen, daß ich direkt Kontakt mit der Polizei aufnehme. Wenn es mein Lebenstempo zuläßt. Nun bin ich noch nicht so geübt im Umgang mit dem Scanner, daß ich mich da selber hineinprojizieren könnte, und dann denke ich auch immer noch ganz gerne über den Pelzmantel meiner Mutter nach, eine alte Schwäche von mir. Man läßt sich halt gerne mal gehen, betrachtet meinetwegen Handwerker, die mit der Wasserwaage hantieren. *Diese Sorgfalt!* Wenn man nachts vom Wirtshaus heimeilt, will schließlich auch jeder Schritt sorgfältig überlegt sein. Man könnte ja einem ahnungslosen Radfahrer unabsichtlich vor die Reifen

fallen und die Beamten alarmieren. Vor allem im Winter stell ich mir das sehr unangenehm vor. Für die Beamten natürlich, die dann im eisigen Dezemberwind ein Protokoll anzufertigen haben, und irgend jemand muß mit klammen Fingern ein Phantombild vom toten Radfahrer zeichnen. Ja, da ist man mir doch böse.
Betrachten wir also dieses Phantombild. Die Wahrheit berichtete der SPIEGEL, ich aber als Dichter darf auch lügen, fälschen, klauen und/oder lümmeln, ganz wie es mir beliebt. Ein großer Vorteil, meine Damen und Herren, den ich schamlos nutzen werde.

13.05.99

album_kapitel_02

Flipper

Das bin ich! Auf Kuba. Ich kann mir nicht helfen, immer wenn ich einen Delphin sehe, muß ich ihn füttern. Noch lieber wär mir natürlich ein Haifisch gewesen, was hätte man dem alles hinwerfen können. Sogar den blechernen Teller! Das Futter kostete 2 Dollar, Kleinigkeiten kosten auf Kuba immer 2 Dollar, auch Drinks, Zigaretten und Kopfschmerztabletten. Was die Haifische angeht: Sie werden nicht glauben, wie weit ich hinausgeschwommen bin. Daß der Strandwächter nur so gepfiffen hat. Also bin ich wieder reingeschwommen. What's the problem? herrschte ich ihn an, der Beamten überdrüssig. Sharks! sagte er, zog die Augenbrauen tief hinunter und sah mich völlig blöde an.

17.05.99

album_kapitel_03

BRAVO

BRAVO Nr. 35 von 1958. Klares, übersichtliches Design. Ebenso klar und übersichtlich der Kommentar zu Skandal-Susanne auf Seite 28. (Wir haben sie fertiggemacht. Doch jetzt geben wir ihr wieder die Hand.) 1958 war ja schon Hardy Krüger ein Star. Alain Delon sowieso. Und ich war noch gar nicht geboren. Die Zeitschrift fand ich auf unserem Dachboden

(Speicher), weil man das elterliche Haus neu eindeckte. War es meine Mutter, die dieses Heft gekauft und gelesen hat, sagen wir mal ausnahmsweise: kaufte und las? Wurde der Schönheitstip auf Seite 14 befolgt? Ärmellose Kleider verlangen schließlich gepflegte Arme. Dulden Sie niemals eine Hühnerhaut an Ihren Ellenbogen oder gar an den Oberarmen … Waschen Sie die rauhen Stellen mit sandiger Mandelkleie. An den Oberarmen dürfen Sie sogar Bimsstein verwenden. Freddy Quinn (jedenfalls) ließ sich zu einer Küstenfahrt überreden. Natürlich sollte er seine Gitarre mitnehmen. An Bord stellte er aber fest, daß man die Gitarre mit Rauschgiftsäckchen gefüllt hatte. Ich würde das gerne weiterverarbeiten, aber ich ärgere mich so über mein Notebook, wo ist denn hier die Entfernen-Taste, die it ja noc kleiner als die anderen Tatenm, ASBER DAFÜR HAB ICH EIN eurozeichen, wie krieg ich das HerEe, na gut, dann nicht. Zu Freddy Quinn kommen wir schon noch.

24.05.99

album_kapitel_04

Oma

Das könnte in der heißen Phase gewesen sein, ich meine Achtundsechzig. Ich wollte das schon schwarzweiß einscannen, obwohl hier sogar eine höhere Farbauflösung möglich gewesen wäre, ich meine rein kilobyte-mäßig. Mittig sieht man meine Oma mütterlicherseits, eine großartige Frau, auf ihrem Schoß mein Bruder Klaus-Peter, und hinten links mach ich doch keine schlechte Figur. Ich muß schon sagen, ich habe mich all die Jahre über nicht verändert. Übrigens ist das eine Hacker-Pschorr-Halbe, da links unten, auf dem Bauch meines Vaters. Ansonsten Fasching, ich meine Karneval, aber ich denke, das sieht man auch so.
Meine Oma ließ sich immer gerne photographieren, auch mit Zigarre oder toxischen Getränken. Tierfilme liebte sie sehr, und wenn im Fernsehen ein Löwe eine Antilope riß, spie sie das Gerät an. Es wird mir immer in Erinnerung bleiben.

31.05.99

album_kapitel_05

Profis

Das ist unser berühmter Tennisprofi Jan Ullrich.
Jan Ullrich hatte eine schwere Kindheit. Seine Eltern betrieben einen Tennisclub, wo der kleine Jan schon mit 5 Jahren regelmäßig den Platz abziehen mußte. Allerdings durfte er nach Einbruch der Dunkelheit mit einem Leihschläger an

der clubeigenen Übungsmauer trainieren. Als er mit 12 Jahren einmal ohne Wissen seiner Eltern gegen den Club-Vize-Meister antrat und diesen mit 6:4, 6:2 und 6:0 abservierte, erkannte man sein Talent, und er mußte den Platz nicht mehr abziehen und durfte so oft und so lange üben, wie er wollte.

Jan Ullrich ist heute Multimillionär.

06.06.99

album_kapitel_06

Mode & Verzweiflung

Zur Sicherung seiner Persönlichkeitsrechte habe ich diesem Mann einen Augenbalken verpaßt. Daß der in dem Fall direkt durch die Nase geht, ist eine Frage der Perspektive, die zu verantworten ich nicht habe. Was wir hier sehen, ist die Eleganz der 90er Jahre, es fiel mir nur wegen meinem neuen Sakko auf, das ich kaufte, um einer zu gefallen, die mich immer mit »viele Grüße« anschreibt. Ich schreibe immer »liebe Grüße«, weil ich das im Vorfeld für sehr angemessen halte, aber sie schreibt immer »viele Grüße« zurück. Tcha. So kommen wir halt nicht übers Vorfeld hinaus. Liegt vielleicht auch an meinen Cordhosen, mein Gott, meine Cordhosen. Norbert würde das jetzt wieder mit den Codes erklären, sie »suchen sich Menschen aus, um sie an sich anzugleichen, nicht umgekehrt«. Also suchen sich die Cordhosen mich aus, da nützt das schönste Sakko nichts.

Einstweilen deshalb dies:

was hat er sich für heute denn wieder ausgedacht? will er heute wider ein blödes outfit ausstellen *ein so blödes wie gestern? er hat sich also eine* hose *zurechtgelegt, einen rettungsring. na schön, dann bitte sehr! wenn das so ist, wollen wir doch mal platz nehmen. dann wollen wir doch mal* kucken, *was er sich denn wieder ausgedacht hat für heute. zunächst also das thema und seine durchführung. und danach bitte auch die variationen. was ist denn das. wer hätte denn das gedacht. wer hätte denn gedacht, daß er zwei* hosen *auf lager hat, sogar. das ist ja wie früher. und er verspricht ein großes finale? ein großes lähmendes finale verspricht er. eine katastrophe.*

Nichts Kursives ist von mir, der Rest stammt nicht von Thomas Meinecke, auch nicht von Steffen Kopetzky. Man darf spekulieren.

13.06.99

album_kapitel_07

Phantombild 2

So. Das wäre also das erste von mir selber gemalte Phantombild von mir selber. Öl auf Manuskriptpapier, 1996 entstanden auf HUNGERLEIDER-Originalmanuskript-Seite 107. Tatsächlich habe ich grüne Augen und auch einen roten Kopf. Und natürlich spiegeln sich auf den Linien meines

Mundes Ratlosigkeit, Geldsorgen, Geschlechterkampf, Erfolglosigkeit, Nikotinsucht, und Kopfschmerzen spielen auch eine Rolle. Ich könnte das Bild auch verkaufen, warum nicht? Sagen wir mal, ich würde es nicht für gewagt halten, dieses Bild (immerhin Öl) für sagen wir mal Fünfzehnhundert rauszuhauen. Euro natürlich. Was halten Sie davon? Ich denke, es wäre eine gute Investition. Ich habe da übrigens eine ganze Serie gemacht, frei nach Manet oder Monet, habe ich da das Serienprinzip zur Anwendung gebracht. Wobei nicht alle gleich gut sind, das will ich zugeben. Aber es ist nun mal eine Serie geworden, und ich möchte, daß man das würdigt. Spachteltechnik. Um auf Nummer Sicher zu gehen, hätte ich (wegen der Spachteltechnik) zum Beispiel die Ölfarbe ein paar Tage auf meiner Palette eintrocknen lassen können, das hätte sicherlich zu einer geeigneteren Konsistenz der Farbe geführt, aber ich habe das nicht gemacht, weil ich ein risiokofreudiger Künstler bin. Das können Sie bei all meinen Arbeiten erkennen. Und da müssen Sie nicht mal auf die Knie gehen oder sonstige Verrenkungen hinnehmen, die hinzunehmen der Kunde heutzutage praktisch nicht mehr bereit ist.

In der Regel sowieso nicht.

21.06.99

album_kapitel_08

Couchreise oder Eine Reise auf der Couch

Dienstag, 19. August

DEUTSCHES FERNSEHEN

17⁰⁰ Zehn Minuten mit Adalbert Dickhut
17¹⁰ Spitzen aus Brüssel (II)
17³⁵ Künstler mit Kamm und Schere

REGIONALPROGRAMM
18⁴⁵ Aus München: Die Abendschau
19⁰⁰ Frankfurt, Stuttgart, Baden-Baden: Die Abendschau
Aus Köln: Hier und Heute
19¹⁵ Aus Hamburg: Die Nordschau
Aus Berlin: Alles oder nichts
19²⁵ München, Frankfurt, Baden-Baden: Medaica

20⁰⁰ Tagesschau
20¹⁵ Mit der Kamera auf Robbenjagd
20³⁵ Geliebter Lügner

ÖSTERREICH
SCHWEIZ
Keine Sendung

Heute BRAVO kaufen!

DEUTSCHER FERNSEHFUNK (OST)
Programm bis Redaktionsschluß nicht eingetroffen

Mittwoch, 20. August

DEUTSCHES FERNSEHEN

17⁰⁰ Die kleine vergeßliche Frau
17¹⁰ Paul Kipper und Eugen Schuhmacher
17³⁵ Vollwiafein

REGIONALPROGRAMM
18⁴⁵ Aus München: Die Abendschau
19⁰⁰ Frankfurt, Stuttgart, Baden-Baden: Die Abendschau
Aus Köln: Hier und Heute
19¹⁵ Aus Hamburg: Die Nordschau

20⁰⁰ Tagesschau
20¹⁵ Wetterkarte
20²⁰ Hollywood-Melodie
20⁵⁵ Stadt ohne Tradition
Wirtschaftsprobleme im Zonengrenzgebiet

ÖSTERREICH
17⁰⁰ Wir blättern im Bilderbuch
17³⁰ Aus unserem Jugendfilmprogramm
20⁰⁰ Der Geizige
Zeit im Bild
20⁰⁰ Zeit im Bild
20¹⁵ Schlagerbummel
20³⁵ Spielfilm
Zeit im Bild

SCHWEIZ
20¹⁵ Tele-Journal
20³⁰ 800 Jahre München
21⁰⁰ Schlager-Cocktail
21²⁵ Ferien im Zelt
21⁴⁵ Nachrichten und Tele-Journal

DEUTSCHER FERNSEHFUNK (OST)
Programm bis Redaktionsschluß nicht eingetroffen

21

Was ist denn jetzt das bloß wieder für eine grausige Geschichte auf RTL? Sie ist reich und schön und er ist jung und dynamisch und begehrt unter einem Vorwand Einlaß in diese Villa. Dann werden die Drinks gemischt. Man kommt sich menschlich schnell näher, heiratet in Oberammergau, und trotzdem hat er schon bald eine Rothaarige nebenher, während sie bei ihrem Golflehrer abblitzt. Eine Tragödie. Soll sie ihn halt vergiften. Unterm Strich steht man ja immer nur vor dem Problem, wo man die Leiche hinschafft. Ich habe dieses Problem schon mal mit Heinz Schneebein diskutiert. Schneebein war fürs Einbetonieren, wobei der bei Siemens arbeitet, da kann man nicht mehr erwarten. Na ja, schaut nur hin, wie ihm die Reiche und Schöne statt dessen mit einer schweren gußeisernen Bratpfanne den Schädel einschlägt, ein völlig unnatürliches Geräusch, und ihn im Wald verscharrt. Pilzesucher werden die Leiche finden. So wird alles seinen Gang nehmen. So läuft das ja in der Regel. Allerdings hätte aber auch er älter sein und eine junge und dynamische Sekretärin in einem dunklen Park mit seiner Hand wahnsinnig machen können. Rasend. Da wäre eben auch eine Abhängigkeit entstanden. Das kann man also recht simpel darstellen und muß nicht unbedingt die schlechte Theaterluft aushalten, wo sowieso keine Lösungen mehr angeboten werden. Und ein Fußballspiel kann man im Theater auch nicht anschauen. Frau, sag selber, wie sind wir beim 3:3 Lokalderby hier rumgehüpft, die Kartoffelkräcker sind uns ausgegangen, und niemand weiß, was geworden wäre, hätte der Bimmer Alfons beim 3:3 nicht seine volle Bierflasche in unseren Fernseher geworfen. Das war vielleicht ein Feuerwerk der Gefühle. Was haben wir denn da? Gerade eben dringt Sir Ernest Jack Marlborough durch das Fenster im dritten Stock in das Ankleidezimmer von Lady Landslock ein, um ihr ein geheimnisvolles Päckchen zu überreichen, schon heißt es wieder Werbepause. Ich wette um nahezu jeden unvernünftigen Betrag, daß ein After-Eight-Spot kommt. Wir müssen also diese spannende Szene im Gedächtnis bereithalten, auch wenn uns der neue Alfa Romeo emotional anrührt. Lady Landslock ist und bleibt eine distinguierte Adelige, die auf ein Zeichen von Lord Shuttenburgh hofft. Man ist bei solchen Pausen ja häufig versucht, den Film in eine andere Richtung zu entwickeln, etwas ganz und gar Schreckliches einzubauen. Zum Beispiel könnte Lady Landslocks Monatsblutung ausgesetzt oder eine eitrige Entzündung an expliziter Stelle eingesetzt haben, nein, das ist natürlich nicht sehr realistisch, und letztlich sind wir froh, uns nicht aufregen zu müssen, weil das Ende zuverlässig bekannt ist. Frau, bring mir einen Wodka, daß ich auf die Seele im Menschen trinken kann. Schau nicht so bedrückt und konzentriere dich auf deine Bügelfalte. Wenn ich mir das hier so anschaue, scheint in England die Arbeit mit den Pferden immer noch vorrangig zu sein. Lassen wir also Lady Landslock ausreiten, über diese feinen Wiesen und Felder. Ich möchte wissen, wann Westenrieder seiner Tochter ein Pferd kauft, lange kann das nicht mehr dauern. Freilich, die Jugend soll blühen und rosa Wangen von all der frischen Luft nach Hause tragen. Die Kinder wollen wir wohl behüten, denn alt und gebrechlich werden sie von alleine. Stark müssen wir sie fürs Leben machen, daß sie nicht gleich wegen einer zärtlichen Berührung ihre Existenz wegwerfen und sich vom nächstbesten Bademeister in einer dreckigen Umkleidekabine nehmen lassen. Lord Shuttenburgh sagt: Ich habe Ihnen nichts zu sagen, Lady Landslock! Gehen Sie! Leben Sie wohl! Lady Landslock bricht vor ihrem dampfenden Pferd zusammen. Hoffentlich haben sie die Einstellung nicht zu oft gedreht, sonst ist das Tier längst vom Pferdemetzger zu Wurst verarbeitet. Was läuft im Dritten? Ein Bauernschwank. Die Bauern, die die ärmsten Schweine sind, sollen jetzt nebenher wenigstens aufklärerisch tätig sein, und zwar anläßlich einer nahezu täglich vorkommenden Verwechslung. Der Bauer ist in der Bredouille. Die schöne Gretl liebt den Knecht, und ihm bleibt nur der Hausdrachen aus Düsseldorf. Da sitzt er also da und schenkt sich ein Kirschwasser nach dem anderen ein und hadert mit der Welt. Das Heu bringt er vor lauter Rausch nicht rechtzeitig herein, und der Knecht weiß natürlich ganz genau, wo er hinlangen muß. Und das alles wegen einer falschen Chiffre-Nummer. Bei uns im Leben renkt sich sowas nicht mehr ein, drum rate ich, die Chiffre-Nummer mindestens fünfmal zu überprüfen, wenn Sie Ihre Bewerbung rausschicken. Nein, laß mich, sagt die schöne Gretl, das geht mir zu schnell, der Knecht schnauft schwer bei offenem Hosenlatz, da stößt sie ihn weg und rennt davon, direkt unserem Bauern in die Hände. Du bist es, Gretl, sagt er. Ja, ich bin es, sagt sie. Ich hätte da im Hintergrund eine eiserne Tengelmann-Kuh dazu blöken lassen, aber mich fragt ja keiner. Außerdem, das gebe ich zu, hätte das den ganzen Witz der Geschichte desavouiert. Ah nöööö, hätten Tausende und Abertausende von Zuschauerinnen und Zuschauer zu Hause protestiert, und sie hätten recht gehabt. Ein anständiger Mensch trinkt doch gerne mal ein Gläschen oder zwei. Meine brave Frau bringt die Flasche. Das dauert, weil sie sich nebenbei immer einen grünen Tee macht, und ich schaue mal kurz ein paar französische Kanäle durch. Hier haben wir Stöhnen und lauter schwarze Streifen quer über den Bildschirm. Das ist offensichtlich ein Pay-TV-Channel, der Kerl nimmt die Kleine ganz schön zur Sache. Das kann doch nicht sein, am Sonntag nachmittag um kurz nach zwei. Was sind denn das alles für Stimmen, sind die vielleicht zu viert? Sind das die moralischen Angebote des neuen Europa? An der Küste muß mit Sturmfluten und Land-unter gerechnet werden. Schleswig-Holsteinscher Privatsender. Durchgeknallte Moderatorin, erinnert mich an Luise Körner, in dritter Linie meiner Frau anverwandt, Schriftstellerin. Die hats auch nicht leicht. Aber in dieser Gesellschaft ist jeder für seine Positionierung selber verantwortlich, auch die freien Demokraten, sagt deren Generalsekretär. Schau, Frau, sage ich zu meiner Frau, die mir jetzt endlich die Flasche reicht, einen solchen Messerschärfer könnten wir auch gut gebrauchen, einmal über die Klinge ziehen, sssst, fertig. Das Messer ist dann so scharf, daß man damit einen Ziegelstein durchschneiden kann. Sie will aber noch mal zu Landy Landslock. Wenn das noch läuft, sage ich, und wir steigen grade rechtzeitig beim retardierenden Moment ein: Lady Landslock, die schon über den Berg war – Sir Ernest Jack Marlborough hatte versprochen, bei seiner Lordschaft Shuttenburg ein kleines Mißverständnis aufzuklären –, striegelt frohen Mutes ihr langes blondes Haar vor einem dämonisch aussehenden Spiegel, den sich mit Sicherheit keine normale Hausfrau leisten könnte. Da also steigt Sir Ernest Jack Marlborough wieder einmal zum Fenster herein und übermittelt die vernichtende Botschaft, Seine Lordschaft ließe sich nicht umstimmen, Seine Lordschaft könne keine Frau heiraten, die einen schottischen Pferdepfleger beschäftigt. Ich sage dir doch, sage ich zu meiner Frau hinüber, die Engländer spinnen mit ihren Pferden. Das Leben ist doch vom ersten Augenblick an ziemlich lustig, trotzdem ist meine Frau jetzt mißgelaunt, das ist vielleicht kein Zeichen von Charakterschwäche aber zwischendrin kann es die Stimmung verderben. Gehen Sie ran, visualisieren Sie ihr Ziel und bleiben Sie dran. Vor allem: zeigen Sie Ihre Beine! Was wird denn das? Ach ja, den hab ich schon mal gesehen, die ist hübsch, aber sie hat auch bloß so einen Krawattenhengst, der nie Zeit hat, ist deshalb todunglücklich, aber jetzt sitzt sie im Flugzeug, direkt neben einem langhaarigen Künstler, und der fragt sie natürlich gleich, ob sie's schon mal im Flugzeug getrieben hat. Freundchen, denke ich mir, das bringt nichts. Ich kenne das. Lange Haare, das wollen sie schon, ein Zeichen von Wildheit, aber wenn man dann angreift, ziehen sie den, ich meine, dann bocken sie. Ach, Frau, sage ich, wie wars denn bei uns, aber sie sagt schon länger nichts mehr zu diesem Thema.

28.06.99

album_kapitel_09

Julia

Das ist Julia. Ich solle nicht denken, sie wäre immer schon mit verschränkten Armen durch die Welt gelaufen, schrieb sie mir dazu. »Ausgestreckte Arme ganz und gar.« Ja, das waren noch Zeiten.

05.07.99

album_kapitel_10

SIEMENS

Was dabei rauskommen kann, wenn man die Dinge ein klein wenig in die Breite dehnt, verzerrt. Wäre immerhin diskutabel. Warum immer so kompliziert? Bitteschön! Sie ahnen ja nicht, in welcher Verfassung ich schon wieder bin. Trotzig, weil ich aller Erklärungen und grammatikalischen Regelungen überdrüssig bin. Don't It Make My Brown Eyes Blue. Und ein Glas Whisky Sonntag nachmittags um ca. 3 Uhr. Das schmeckt. Das Lied lasse ich immer wieder laufen, ich glaube, mittlerweile schon zum dritten Mal.

Hiermit riskiere ich natürlich einen Prozeß mit SIEMENS.

Wenn nur der Fotograf klagt, schauts natürlich anders aus, den müßte ich zu einem freundschaftlichen Weißbier überreden. Im Namen der Kunst. Ich fürchte allerdings, SIEMENS wird nicht klagen, und es ist durchaus im Bereich des Möglichen, daß der Fotograf kein freundschaftliches Weißbier nicht mag. Das entspräche zumindest meinen Erfahrungen.

Aber gut, immerhin bin ich ein ziemlich heiliger Mann, und so will ich dem Whisky nicht mehr zurechnen als einer Tengelmanntüte und fleißig auf dem Pflaster hüpfen. Ich verspreche es. DamenundHerren, ich hüpfe ja schon. Heißes Pflaster unter mir. Das wäre Ihnen nun wieder zu einfach? Gut, wir können auch ein Bild des Schneeschaufelns schaffen, drinnen ists warm und draußen schiebe ich den Schnee vor mir her, und dabei stampfe ich immer so mit dem Fuß, möglichst musikalisch, und werde ganz verrückt bei dem Gedanken, daß ich ja einen Haufen zusammenschaufle. Das wäre dann meine Verbindung zur Außenwelt, und wer immer grad zufällig vorbeigeht und den Haufen begutachtet, dem falle ich um den Hals.

Übrigens bin ich trotz aller Zukunftsträchtigkeit mit meiner Waschmaschine nicht zufrieden.

Musik hören zu diesem Bild!

12.07.99

album_kapitel_11

Wissen

Dies ist ein rechtefreies Foto. Dachte, wenn man schon andauernd rechtefreie Fotos von mir verlangt, wenn ich also nicht mal die 50 Mark Abdruckgebühr wert bin, dann bitteschön. Kann sich jeder runterladen. Man sieht allerdings nicht, was für schöne grüne Augen ich habe, und die Brille hab ich verkehrt herum auf, aber immerhin schaue ich aus, als würde ich was wissen. In diesem Land wissen ja alle Schriftsteller alles ganz genau. Nur ich nicht.

Ich schau nur so aus.

26.07.99

album_kapitel_12

Siedepunkt Oberschenkel

»Der Liebsten Band und Schleife rauben, halb mag sie zürnen, halb erlauben, Euch ist es viel, ich will es glauben und gönn' Euch solchen Selbstbetrug: Ein Schleier, Halstuch, Strumpfband, Ringe, sind wahrlich keine kleinen Dinge – allein mir sind sie nicht genug.«
(Göthe)

Schriftsteller, ca. 36, Raucher, Trinker, erfolglos, fast Einsachtzig, sucht Frau (<25), extrem attraktiv, sexuell aktiv, vermögend, tolerant, intellektuell, ohne Kinderwunsch, häuslich, geduldig, sinnlich, kooperativ, anschmiegsam, anpassungsfähig …

Was ich gerne mache:
Ich gehe gerne ins Wirtshaus.

Wenn Du Dich ästhetisch angesprochen fühlst, bitte ich um *Kontaktaufnahme*, Stichwörter »Siedepunkt Oberschenkel«.

02.08.99

album_kapitel_13

Brief an Goethe

Lieber Goethe,
mein Theuerster, ich habe in meinem bewegten und gedrängten Leben mich einer Versäumnis öfters schuldig gemacht und will in dem gegenwärtigen Fall den Vorwurf ganz von mir ablehnen. Ja, schaudert, wenn Ihr dies Bild seht.

Soviel kann ich versichern, daß ich es für Euch weder als Freund an Neigung, noch als Forscher an Theilnahme und Bewunderung je habe fehlen lassen, ja daß ich oft etwas Wichtiges zur Anfrage zu bringen gedachte, wodurch dann auf einmal alle bösen Geister des Mißtrauens wären verscheucht gewesen. Doch hat das vorüberrauschende Leben unter anderen Wunderlichkeiten auch diese, daß wir in Thätigkeit so bestrebsam, auf Genuß so begierig, selten die angebotenen Einzelheiten des Augenblicks zu schätzen und festzuhalten wissen. Und so bleibt denn im höchsten Alter uns die Pflicht noch übrig, das Menschliche, das uns nie verläßt, wenigstens in seinen Eigenheiten anzuerkennen und uns durch Reflexion über die Mängel zu beruhigen, deren Zurechnung nicht ganz abzuwenden ist. Mich Ihnen und Ihren theuren Angehörigen zu geneigtem Wohlwollen bestens empfehlend, ergebenst
Ihr Heiner Link

15.08.99

album_kapitel_14

Capital

Kurz vor Mitternacht gehe ich ins Wirtshaus und grüße niemanden. Denn nicht grüßen ist ja auch irgendwie grüßen. Man kann aber auch grüßen, das ändert allerdings nichts. Sagen wir mal wenig. Hab ich gesagt »wenig«? Wie leichtsinnig. Dieses erinnert mich an einen erlösenden Pfurz im Zusammenhang mit einer ästhetischen Debatte. Wichtig ist doch, was hinten rauskommt. Nicht wahr?

23.08.99 (also gut, 24.08.99)

album_kapitel_15

Nichtraucher

Gestern nacht wieder mal die glühende Zigarette ganz dicht ans Haustürschloß gehalten. Um hineinzutreffen. Ach, wer mir in den letzten Tagen schon wieder alles über den Weg gelaufen ist, virtuell und auch so. Es ist schon schwierig, wenn man das Haus verläßt. Ein jeder ist entzückt.
Gut, Gott vergebe ihnen. Wenn sie nur nicht andauernd mit ihren Benzinfeuerzeugen angeben würden. Vor allem die, die nicht einmal rauchen.

29.08.99

album_kapitel_16

Interview

Freddy Quinn: Ein Jugendfoto

INTERVIEW MIT FREDDY QUINN

Heiner Link: Sie haben in meiner Literatur immer eine große und wichtige Rolle gespielt. Wissen Sie das eigentlich?
Freddy Quinn: Das weiß ich nicht. Es ist mir auch völlig egal, weil es mich nicht interessiert, verstehen Sie?
Heiner Link: Aber ihr Adoptivvater war doch Schriftsteller.
Freddy Quinn: Er schrieb Tiergedichte.
Heiner Link: Na eben, wie ich auch. Da muß es doch eine Verbindung geben.
Freddy Quinn: Ich habe mich immer bemüht, in meinen Liedern Geschichten zu erzählen. Deshalb habe ich auch immer

wieder wahnsinnige Kämpfe mit den Textdichtern ausgefochten.

Heiner Link: Wie stark haben Sie in die Texte eingegriffen?

Freddy Quinn: Ich habe es immer versucht. Wenn aber meine Produzenten auf einem Text, den ich nicht so überzeugend fand, bestanden, mußte ich Konzessionen machen.

Heiner Link: Wobei haben Sie die meisten Konzessionen gemacht?

Freddy Quinn: Bei dem Lied *Wir*. In dem greife ich die jungen Leute an, weil sie lange Haare tragen. Das war idiotisch.

Heiner Link: Können Sie mir Tips für eine internationale Karriere geben?

Freddy Quinn: Passen Sie bloß auf. Bei mir hieß es stets: »Nein, wir wollen keinen internationalen Freddy Quinn. Wir wollen nur einen deutschen.«

Heiner Link: Kann ja alles noch werden. Wir könnten ja zusammen eine Anthologie zum Thema »Tiergedichte« herausgeben.

Freddy Quinn: Das geht nicht. Ich bin Dienstleister und richte mich danach, was die Menschen von mir verlangen. Wenn ich mache, was Sie vorschlagen, trete ich für eine Minderheit auf.

Heiner Link: Na gut, dann nicht. Es wäre halt eine schöne Chance für mich gewesen.

Freddy Quinn: Tja, dieses »Was wäre, wenn …«-Spiel.

Heiner Link: Ein grauenhaftes Spiel?

Freddy Quinn: Ja. Und es macht keinen Sinn, es zu spielen.

Heiner Link: Sie haben ja schon viel erleben dürfen, auch international.

Freddy Quinn: Ich bin selber oft erstaunt darüber, was ich alles erlebt habe. Als Minderjähriger per Autostopp vom Burgenland bis nach Rom, wo ich für amerikanische Truppen Klavier spielte. In Rom holte ich mir ein Visum für Tunesien, Algerien und Marokko. Den Paß mit den Visa habe ich noch, hier in meinem Koffer – wollen Sie sehen? Ich habe mich dann bis Palermo durchgeschlagen, nahm ein Schiff nach Tunis, von dort ging es per Autostopp nach Algerien. Ich landete in der kleinen Stadt Sidi bel Abbès, dem Ausbildungszentrum der französischen Fremdenlegion, und spielte Gitarre in einer Bar, in der auch Legionäre verkehrten. Das brachte mir viel Sympathie und französisches Geld ein. Dort sprach mich ein Ausbilder an, und ich sagte so halb aus Jux, halb aus Ernst, ich wolle in die Fremdenlegion. Der Ausbilder schlug mir vor: »Du machst das Basistraining mit, nach drei Wochen sehen wir uns wieder, dann entscheidest du, ob du rein möchtest oder wieder raus.« Ich bin dann tatsächlich wieder raus – das ist einzigartig in der Geschichte der Fremdenlegion, absolut, und dann …

Heiner Link: Ich denke, das ist ein schöner Abschluß. Herr Quinn, ich bedanke mich für das Gespräch.

12.09.99

album_kapitel_17

WAHNSINN

Einer der letzten Biergartentage, Mitte September,
Wochenende
WAHNSINN
Hubschrauber, Gleitschirmflieger, Schmeißfliegen
WAHNSINN
Zahnarztgequatsche
WAHNSINN
Männer in kurzen Hosen
WAHNSINN
Wurstsalat, Schaschlik, Preßsack
WAHNSINN
Mitgebrachte Zinnkrüge
WAHNSINN

Kreuzworträtsler

WAHNSINN

Hundekacke

WAHNSINN

Anstehen beim Ausschank

WAHNSINN

Rasierte Frauenbeine

WAHNSINN

Kindergeschrei

WAHNSINN

Flachärsche in geblümten Leggings

WAHNSINN

Ausgesprochen hübsche Ärsche in kurzen Röcken

WAHNSINN

BILD am Sonntag

WAHNSINN

Vivien-Westwood-Sonnenbrillen

WAHNSINN

Ausgestellte Krampfadern

WAHNSINN

High-Tech-Kinderwagen

WAHNSINN

Lachen, Scherzen, Turteln

WAHNSINN

Stinkende Jogger

WAHNSINN

Mineralwasser aus dem Maßkrug

WAHNSINN

Die bayerische Flagge

WAHNSINN

Lederhosen mit Klappmesser

WAHNSINN

Keine Hüpfburg
WAHNSINN
Tschechische Nutten sind auch da
WAHNSINN
...
WAHNSINN
absoluter
WAHNSINN

26.09.99

album_kapitel_18

Sloterdijk

Sloterdijk, Sloterdijk, Sloterdijk. Mir slottern schon die Knie.

So …

Was will Sloterdijk? Träumt er von Lara Croft oder von Superman aus der Retorte? Mit dieser Frage wollte ich das Ganze hier literarisch aufziehen. Kurz und gut, ich habe mich vorbereitet wie nie zuvor, und dann kommt der SPIEGEL daher und macht das zum Aufmacher. Und ich kann hier meinen kleinen Gemüseladen zusperren. Damenund-Herren, ich hätte gerne was zum Thema Sloterdijk beigetragen, aber man wird ja förmlich erschlagen, also gut, wenn Sie mich so anbetteln, dann will ich mich nicht lumpen lassen und aus einem 32seitigen Manuskript zitieren, das ich 1987 dem Suhrkamp Verlag angeboten habe (erfolglos, trotz 231 integrierter Farbfotos). Die Geschichte hieß:

LASS DIE KANONE STECKEN, MANN!

Oswald ging neben mir, blieb aber immer wieder stehen und wippte nervös. Es schien etwas in der Luft zu liegen. Es war das Franz-Josef-Strauß-Wippen, das man bis heute mit der Frage »Haben Sie überhaupt Abitur?« verbindet. Entsprechend alarmiert war ich und überprüfte den Sitz meines Schulterhalfters. Die Nullacht lag satt im Futter, direkt neben meinem Herzen. Und Oswald wippte. Was ist denn, fragte ich ihn schließlich, ein paar Krähen kreischten sinnlos (wir befanden uns außerhalb der Stadt), was ist denn los? Ist es nicht schade, sagte er, daß die menschliche Kunst es noch nicht vermocht hat, Wasser in Starkbier zu verwandeln? Mensch, dachte ich, was dem immer einfällt, wir hatten ja erst acht Halbe, und ich war noch nicht ganz reif für einen philosophischen Diskurs. Soll ich dir was sagen, fuhr er fort, laß uns Starkbier in Wasser verwandeln. Das allerdings war ein Angebot, ich nahm die Hand von der Waffe. Taxi, fragte ich, Taxi, antwortete er, und während der Fahrt ging die Sonne prächtig unter.
Alsbald traten wir in ein entsprechendes Etablissement. Bier schlackt und verstopft das Innere des Wanstes, sagte Oswald und bestellte zwei Maß. Er warf den Kopf in den Nacken und lachte, daß die Kronleuchter zitterten. Die Luft im Raum zitterte wie Schweinesulz. Die Maßen kamen. Nun tranken wir beide großzügig aus den schweren Krügen. Oswald leerte den seinen mit dem ersten Zug um mindestens die Hälfte und

gab anschließend ein langgezogenes, dumpf grummelndes Geräusch von sich, das ganz danach klang, als ließe er etwas Luft aus seinem Innersten entweichen. Mein Gott, sagte er, man könnte meinen, man wäre in der Wüste. Nach diesem Statement bestellte sich Oswald eine Schlachtplatte. Mit allem, sagte er, richtig schön Blutwurst und Preßsack in allen Farben. Sagen Sie dem Koch, er kann sich ruhig mal verausgaben, rief er der Bedienung hinterher und flüsterte mir ergänzend zu: *Die schlachten hier im Hause*. Ich hatte keinen Hunger, betrachtete den malmenden Oswald, dessen Appetit kein Ende zu nehmen schien. Von dem »ausgezeichneten Preßsack« bestellte er noch mal eine Extra-Portion (schwarz/weiß in Essig und Öl, mit viel Zwiebeln). So recht habe ich noch gar keine Lust aufs Dessert, sagte er, als er das verdrückt hatte, vielleicht nehme ich noch ein kleines Surhaxerl mit Kraut. Dazu verzehrte er insgesamt sechs Breze(l)n und vier sogenannte Römische. Ich bekam Lust auf einen Verdauungsschnaps und winkte der norddeutschen Bedienung, die in ihrer Unfreundlichkeit den einheimischen Kolleginnen in keiner Weise nachstand. Sie winkte zurück …
(Anmerkung des Autors: Ich kürze hier ein wenig ab.)
Ich hatte grade ein bißchen von der dritten Maß verschüttet, was mich maßlos ärgerte, anderweitig ist folgendes nicht zu erklären. Ich meine: Was war passiert? Oswald sang gerade aus voller Kehle das Lied von den »alten Rittersleut(en)«, vereinzelt schunkelten die Leute, ich rauchte eine Virginia und betrachtete fasziniert das Muster des Bierschaumes, als der Kerl vom Nebentisch mich einen Rammler nannte.
Einen Rammler.
Gut, in der guten Stimmung war ich natürlich auf das Thema »Fortpflanzung« zu sprechen gekommen, biotechnisch. Ich meinte das natürlich in einem durchaus gröberen philosophi-

schen Zusammenhang, noch ist die Humangenetik schließlich eine rein diagnostische Disziplin, die im klinischen Alltag eher eine Nebenrolle spielt. Es ging auch durchaus ums Gen-Design, wir streiften sogar Nietzsche. Im Rahmen unserer Möglichkeiten. Das mag sich zwar nicht so akademisch angehört haben, Oswald und ich neigen in kritischen Situationen dazu, etwas weiter unten zu grapschen, aber trotzdem: Nennt mich der Kerl einen Rammler.
Da mußte ich natürlich aufstehen: Bleib mir vom Leibe, Mann, schrie ich, oder ich blase dir das Lebenslicht aus.

Laß die Kanone stecken, Mann, sagte Oswald, er hat doch gar keins.

03.10.99

album_kapitel_19

Optimismus

Was ist Ihnen in den letzten Jahren an Demütigungen widerfahren?

Ach Gott, ja, Niederlagen.
Jede Menge Niederlagen.

Was ist die Maxime für die Zukuft?

Optimismus, vor allem Optimismus.
Voller Optimismus dem Ende entgegen.

So unser Außenminister.

10.10.99

album_kapitel_20

Handarbeit

HANDARBEIT

Ein Phänomen, beliebt, wie nie zuvor.

Es geht nichts über Handarbeit.
Es geht nichts über die Herabsetzung des Rentenalters.
Es geht nichts über die Verlängerung des Abonnements.
Es geht nichts über steigende Preise.
Es geht nichts über die Formel 1.
Es geht nichts über Zeichen und Beruhigungstabletten.
...
Böse sein? Nix mehr Regale einrichten?

17.10.99

album_kapitel_21

DANKE

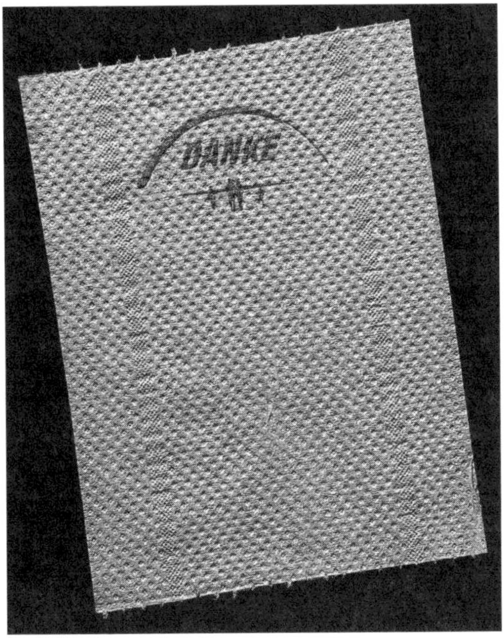

Fliegen kann ich, dachte ich mir, einen Platz zum Singen bräucht ich.

»Ich fliege«, sagte einer und stolperte durch das Zimmer, warf sich auf das Bett, war nicht weit geflogen

Bilder, und Bilder von Bildern

(der Ordnungsfetischismus von Gehirnverletzten)

(»du bist zu karg mit deinen Ansichten«)

ah, die Entzückungen sind alltäglicher Art

»laß die Frau in Ruhe«/der Zuhälterjargon der Sackkratzer

Emanzipation eine Form der Industrie

wurde befördert, ging weiter

Mengenlehre, das Gespenst der Investition, wieviel Brachland noch vorhanden ist

Wellen, Partikel, Teilchen, Hologramme, Kernspaltung, Spurenelemente, Labyrinthe, Schaltkreise, Kabel

Einsteins Universum ist hier ein Trick: ich kann hier diesen Tisch sich nicht bewegen sehen

Soll ich keine Lust haben?

Soll ich keine Lust haben?

Haß- und Mordgedanken

Reklame aushalten

RUF MICH AN!

1) Die Fraktion der Lebensversicherungsbesitzer
2) Die Fraktion der Betriebswirtschaftsstudenten
3) Die Fraktion der Langstrecken- und Gernefahrer
4) Die Fraktion der Arbeitsplatzsicherheitsfetischisten
5) Die Fraktion der Investment-Banker

Irgendwo herumsegeln mit irgendeinem Scheißgleitschirm

Oft wurde Heim angedroht

Zement

Bilderrahmenstyroporschutzecken

Spaziergänge mit den beiden gelben Doggen

Recycling-Scheißpapier mit Werbeaufdruck

Junge pferdeschwänzige Kabriolettfahrer

Springen, Hüpfen

Der Reifenhandel boomt

Ah, die Entzückungen sind alltäglicher Art.

24.10.99

album_kapitel_22

Blazer 69,90

Ja freilich, ein weidwundes Bild. Betrachten Sie mich als durchaus angeschossen. Jetzt werden wieder die Emanzen kommen und mir Verschiedenes vorwerfen. Dabei liebe ich das andere Geschlecht wie kein anderes. Wirklich, ich knie nieder und instrumentalisiere positiv. Ja, das sind Lockenwickler, die roten. Man darf das nicht falsch verstehen: ich erniedrige mich im Dienste der Sache. Sympathisch sind meine Sommersprossen, vielleicht versteht mans so besser. Geradezu ausgleichend. Es beruhigt mich, daß ich einen Schatten werfe, nur: wo werfe ich ihn hin? Auch nur an die Wand. Sie brauchen gar nicht so gescheit zu überlegen, was ich damit gemeint habe. Dies ist nicht zulässig! Andere sind vielleicht gescheiter, aber ich bin immer radikaler. Andererseits merkt man das nicht. Wird nicht wahrgenommen. Ich habe aber ein großes Herz. Ein grobes. Angeblich nehme ich nichts ernst. Das ist natürlich Unsinn. Am Unsinn scheitern. Das ist halt so.

31.10.99

album_kapitel_23

PUMA

1974, Konfirmation, Gasthof zur Post in München-Pasing. Wer da alles auf meine Kosten ein Weißbier getrunken hat, ist mir heute nicht mehr vollständig in Erinnerung. Es waren aber sicher Gebrauchtwagenhändler dabei. Oder solche, die es werden wollten.

Puma-Fußballschuhe mit gelben Streifen waren damals angesagt, aber ich konnte mich auch mit gelben Streifen nicht ins Mannschaftskollektiv eingliedern. Insofern war es verschwendete Zeit. Nicht die Geschlechtsverkehre bereue ich, sondern die Runden auf der Aschenbahn.

07.11.99

album_kapitel_24

Lange Unterhosen

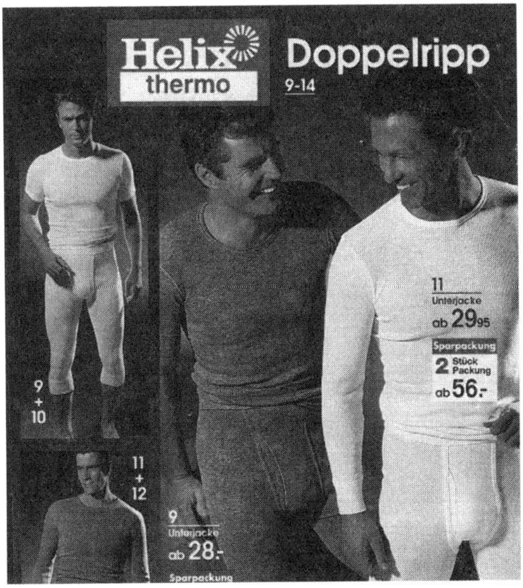

Es kommt ja jetzt wieder die Zeit der langen Unterhosen. Ich habe früher lange Unterhosen immer gehaßt. Seh ich heute auch anders. Sieht doch eigentlich sexy aus. Na ja, das entscheiden ja immer noch die Damen. Ich jedenfalls habe beschlossen, ein Fan von langen Unterhosen zu werden.

Obwohl ich ja einmal eine Freundin wegen einer langen Unterhose verloren habe. Es war kein thermisches Problem, ich trug die lange Unterhose nur, weil ich drüber eine Wollhose trug, und die kratzte. Aber die Wollhose war eben meine schönste Hose, also trug ich eine lange Unterhose drunter. Ich bin dann mit ihr und mit meiner Freundin in ein Pils-Pub (das wars damals) gegangen und habe mir einen lässigen Bacardi bestellt, vielleicht auch einen Whisky-Cola, ich weiß es nicht mehr so genau. Ich war überhaupt unheimlich lässig, den ganzen Abend, bis ich den Fehler beging, im Zuge einer ebenfalls lässigen Gewichtsverlagerung ein Bein über das andere zu schlagen. Nun also blitzte zwischen Hosensaum und Sockenende meine blütenweiße lange Unterhose hervor, und das muß auf meine Freundin einen derart unlässigen Eindruck gemacht haben, daß sie noch am selben Abend einem Erdmann-Lederjackenträger ihr Herz geschenkt hat. Ich durfte mich dann draußen in den Schnee legen, nahm eine Handvoll Schnee und drückte mir das vor die Nase. So kommt man zu einem roten Schneeball. Die Welt ist gnadenlos.

14.11.99

album_kapitel_25

… und wie gehts uns?

Ist das nicht ein Teddy-Bär?
Ein Schmusebär?
Ja, wie haben sie denn den zugerichtet?
Ten Years After?

KRANK

21.11.99

album_kapitel_26

Liebe

Gestern hatte es noch einen halben Meter Schnee, aber schon heute schmolz wieder alles. Man kann sich auf nichts mehr verlassen. Kaum hat man sich eine Romantik zurechtgelegt, werden die Straßen dreckig. Und es gibt nichts mehr zu schaufeln. Um halb drei nachts läßt es sich zwar leicht reden, da schläft alles und jeder, und eine Widerrede ist nicht zu erwarten. Man wundert sich jedenfalls, daß man noch nicht müde ist. Der Körper macht eben auch, was er will, oftmals nicht im Einklang mit dem Gehirn, das auch noch nicht müde ist. Warum? fragt man sich mit dem eigenen Gehirn. Und dann erhält man vom Gehirn keine Antwort, und vom Körper auch nicht. Kennen Sie das? Es kommt jetzt sehr darauf an, was im Radio kommt. Man legt also eine CD ein. Kennen Sie das? Das Schmelzwasser rieselt verläßlich in die Dachrinnen, ein unangenehmes Geräusch. Kennen Sie das? Wozu die ganze Vorrede?

Nun, Sie fragen sich leicht. Es handelt sich eben um ein heikles Thema. Aber gut, machen wir Feierabend. Gute Nacht.

21.11.99

album_kapitel_27

Noch einmal

»Wenn mir das noch einmal vorkommt, dann sind Sie für mich ein Mensch, der weder rechnen noch lesen noch schreiben kann. Und damit können Sie von mir aus Regisseur werden oder Filmstar.« Sagt Qualtinger. Genau. Überhaupt. Darf ich vielleicht mal an was erinnern?

1) Harry, der Hauptheld, ein erfolgreicher Jungunternehmer, der Schmuck aus Kalkutta importiert und hier an große Versandhäuser verkauft, fährt einen roten Porsche und hat zwei Geliebte, die von oben bis unten nach Muschi riechen (siehe 3), 4)). 2) Seine Frau Manuela geht mit oder in den drei Kindern auf. Sie ist eine hemmungslose Mutter und Hausfrau und liest mehrere Frauenmagazine sowie die Zeitschrift ELTERN. 3) Sandy hat schon mal einen blöden Namen, aber sie trägt schöne Unterwäsche und liebt teure Lokale, wo sie sich unter dem Tisch von Harry abfummeln läßt. 4) Laura ist besonders hübsch und kommt mit den 2000,– Mark, die sie von Harry bekommt, nicht ganz aus, sie hält sich noch zwei weitere Geschäftsleute, die jeweils DM 1500,– abdrücken. 5) Frank ist Harrys bester Freund und liebt Bordellbesuche. Er fährt einen umgebauten BMW und hat ebenfalls zwei Geliebte, die er aber nicht zu bezahlen braucht. Er sieht sehr braun aus und ist tablettensüchtig. 6) Julia ist Franks Frau und in Harry verliebt. Es fällt ihr zunehmend schwerer, dies zu verbergen. Sie hat sich in einer Tiefgarage schon mal an ihn gelehnt, was sie sofort stark erregte. 7) Karl ist Harrys Schwiegervater und hat eine hohe Stimme. Durch die starke Bindung zu seiner Tochter Manuela kommt er sehr häufig zu Besuch. Er steht bei Harry im Verdacht, homosexuell zu sein, weshalb er ihn nie mit seinen Kindern alleine in einem Zimmer läßt. 8) Henry ist Harrys Nachbar und hat diesen wegen herüberfliegenden Unkrautsamen verklagt.

Man nehme Dr. Oetker. Ich bin dafür, daß man die Körpergröße der Menschen gentechnisch auf 1,50 Meter reduziert. Alle zehn Jahre wächst die Weltbevölkerung um eineinhalb Zentimeter! Die Qualität menschlichen Lebens könnte bei einer Größe von 1,50 m und einem Gewicht von 50 kg gesteigert werden. Ein solcher Mensch hätte dann 60 Billionen Körperzellen, während ein Mann von 1,80 und 86 Kilo 100 Billionen Körperzellen hat. Mehr Zellen, mehr Krebsrisiko. In Kalifornien zum Beispiel stieg die mittlere Größe der Menschen in nur 75 Jahren von 1,50 auf 1,80 Meter. Wenn das noch 75 Jahre so weiter geht, brauchen wir 50% mehr Energie und schätzungsweise 73 Millionen Hektar mehr landwirtschaftliche Anbaufläche. Knochenbrüche und Gelenkschmerzen hängen schließlich auch mit dem Gewicht und das wiederum mit der Größe zusammen.

Also, wenn hier niemand verstehen will, macht doch euren Scheiß alleine.

05.12.99

album_kapitel_28

WE ARE FAMILY.

Fax an: Heiner Link, c/o Hotel Mercure Leipzig
Datum: 27.03.99
Seiten incl. Deckblatt: 1

Haaaaaaallo Papa ! (Falls du noch wach bist)
(Gähn) Papi schläfst du schon? Ich jedenfalls bin gerade noch wach genug um dir (schnorchel!) dieses Fax zu schreiben. Währe (Ratzepfüüi!) beinah in's Bett gegangen (Seufz!) hab' mich aber dann doch zum Computer bemüht (Also ganz Schlaftrunkent) War heute mit der Oma beim Gärtner und

habe (Uaa, war wirklich ein harter Tag heute !) einen Osterstrauß für Ostern gekauft und auch im Gärtner 2 Eier bemalt (Gähn!) Den Ostertrauß (Es sind Osterglocken oder im bayerischen: Märzenbecher!) haben ich und die Oma dann behängt und in eine Vase gestellt. (Schnarch!) Viel zu viel Spaß auf der Buchmesse und viel Glück mit deinen Affen die nicht zeichnen (Auch wenn die Nicht-zeichner-Affen noch nicht herausgekommen sind finde ich auch gut weil das ja eigentlich Tierquälerei ist, Affen in die Schreibmaschine noch dazu nichtzeichner!) Ratz, war das anstrengend jetzt geht's in die Falle!!

Ein Schnarchtschau
von deiner schläfrigen Franziska

Fax an Heiner Link, c/o Hotel Mercure Leipzig
Datum 27.03.99
Seiten inckl. Deckblatt

Ich hate leider noch keine Gelegenheit dir zu schreiben, weil ich bei der Oma war. Ich wünsche dir eine schöne Buchmese und schöne Bücher zum anschauen. Hofentlich ist »Affen zeichnen nicht« auch dabei. Wen aber nicht, sei nicht traurig. Es sind beschtimt andere schöne Bücher dabei. Heute habe ich mir Fußball angeschaut. Die Deutschen haben gegen die iren 0:3 gewonen. Der schtrunz hat zu spät geschosen, und birhof hate eine platzwunde. Die ersten zwei Tore waren von Boz oder wie der heist.Und das drite Tor von Harmann. Ich habe mi'm Opa meine Harwurzeln angeschaut mit dem Mikroskop.

Viel Spaß
dein Moritz.

12.12.99

album_kapitel_29

Phantom der Opa

Das war Weihnachten 44. Rechts steht mein Großvater väterlicherseits, links daneben meine Großmutter, auf ihrem Schoß eine meiner Tanten.
Ich hätte gerne mehr über meinen Großvater gewußt. Er war ein guter Ringer und Gewichtheber und Geschäftsmann. Und er konnte zwei Träger Apfelsaft vom Pasinger Marienplatz bis zum Pasinger Knie ohne Absetzen tragen. Und er hat Zigarettenstummel gefressen, um sich umzubringen.
Wo schaut er hin? Und wie hätte ich ihn mögen können?

19.12.99

album_kapitel_30

Vorsätze 2000

Zuviel Mariacron wirkt sich auf die Sehschärfe aus.
Vorsätze 2000:

Algensprudelbäder
Lymphdrainagen
Kopfmassagen
Körperwickel
Cellulite-Knetmassagen
Aromatherapien
Faltenaufspritzungen
Ohrkerzenbehandlungen
Unterwasser-Druckduschen
Ozon-Nebelbäder
Magnetfeld-Therapien

Kräuterfußbäder
Schottische Duschen
Affussions-Güsse
Wasser-Stretching
Körperpeeling (natürlich und traditionell)
Tanzgymnastik oder Hammam
Meerschlammapplikationen
Rheumatologische Untersuchungen
Schwedische Massagen
Friseurbesuche
Tiefenreinigungen
Jetduschen
Mineralsalzbäder
Verjüngungslifting
Dekolleté-Behandlungen
Make up-Tätowierungen
Fangokuren
Gruppengymnastik
Lotosölmassagen
Elektroschocktherapien
Pneumopunkturen
Vitalcocktails
Botanische Gesichts- und Körperbehandlungen
Heubettruhen
Farb-Ampullenkuren
Bürstenfrottierungen
Molkebäder
Cleopatrabäder
Turbobräunungen
Kneippsche Wechselgüsse
Nervenbahnmassagen
Franzbranntweinabreibungen

Wirkstoffampullen
Bodywrapping
Brustmodelagen
Halswickel
Hopfenpackungen
Heilfasten
Leberwickel

Obst auf dem Zimmer
Badebekleidung und -kappe sind mitzubringen

27.12.99

album_kapitel_31

Verdrießlich und fatal

Verdrießlich und fatal
ist es wenn die Abortleitung verstopft ist!
Diese Verstopfungen kommen jetzt bei den Wasserklosets häufiger vor, weil die engen Röhren durch den Einwurf von hartem Papier oder großen Zeitungsfetzen sich leicht verstopfen.
Es empfiehlt sich daher, auf jeden Abort welcher mit Wasser ausgespült wird, das eigens dafür hergestellte
Closetpapier, auch Gesundheitspapier
genannt, vorrätig zu haben, weil dasselbe weich, geschmeidig und doch fest, aufsaugend, frei von schädlichen Stoffen und nach entsprechendem Maß zugeschnitten ist. Gesundheitspapier in Rollen und in Paketen zu 1000, 800 und 500 Blatt vorrätig bei der 5977
Firma Geschwister Frank, Bahnhofstr.

Verdrießlich und fatal

ist es wenn die Abortleitung verstopft ist !

Diese Verstopfungen kommen jetzt bei den Wasserklosets häufiger vor, weil die engen Röhren durch den Einwurf von hartem Papier oder großen Zeitungsfetzen sich leicht verstopfen.

Es empfiehlt sich daher, auf jedem Abort welcher mit Wasser ausgespült wird, das eigens dafür hergestellte

Closetpapier, auch Gesundheitspapier

genannt, vorrätig zu haben, weil dasselbe weich, geschmeidig und doch fest, aufsaugend, frei von schädlichen Stoffen und nach entsprechendem Maß zugeschnitten ist. Gesundheitspapier in Rollen und in Paketen zu 1000, 800 und 500 Blatt vorrätig bei der

Firma Geschwister Frank, Bahnhofstr.

Anzeige in der Pasinger Zeitung, Mai 1900

02.01.2000

album_kapitel_32

ISAR 12

1. Funkstreife Isar 12
2. Münchner Gschichten
3. Raumschiff Orion
4. Familie Feuerstein
5. Königlich Bayerisches Amtsgericht
6. Männerwirtschaft
7. Irgendwie und sowieso
8. Rauchende Colts
9. Bezaubernde Jeannie
10. Daktari

11. Straßen von San Francisco
12. Kojak
13. Mit Schirm, Charme und Melone
14. Kobra, übernehmen Sie

15. Dallas
16. Denver-Clan
17. Bonanza
18. Flipper
19. Drei Damen vom Grill
20. Die Waltons

Ohne Wertung: Fury, Ich heirate eine Familie

24.01.2000

album_kapitel_33

SEX

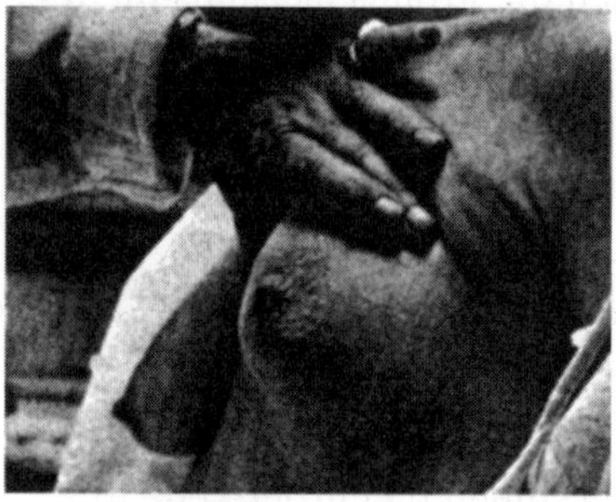

Hier zeigt der Operateur, wie eine schlaffe Hängebrust nach dem Eingriff aussehen wird. Die Brustwarzen werden zusammen mit den Brustdrüsen nach oben versetzt, so wie es auf der Zeichnung dargestellt ist. Der Chirurg paßt dann die Warzen in zwei vorbereitete, höher gelegene Öffnungen in der Oberhaut ein. So wird eine unschöne Brust zur erotischen Zierde.

Nicht ein Tittchen ist im SPIEGEL Nr. 4 vom 24.01.2000 zu finden.
Was ist los?
Ist das jetzt kein Thema mehr?
Das fänd ich aber gar nicht lustig.
Ich will mich doch auf meine alten Tage nicht wieder umstellen.
Es ist ja auch so, daß mittlerweile bei Gottschalk
alle Wetten verloren werden.
Aber da kenne ich wenigstens noch die Promis.

Beckenbauer
Naomi Kämpell
Bill Gates
und Pämela Andersn
logo
Sonst kenne ich die Promis meistens nicht
erstens bin ich nicht in der Scene
zweitens kenn ich mich nicht aus
drittens will ich mich nicht auskennen
viertens werde ich alt
sechstens versteh ich nicht, warum alles plötzlich so reell wird
ich kritisiere das
ich glaube, die singen da mittlerweile live
also, so bring ich das auch hin
so falsch
ich meine, wir brauchen doch Anhaltspunkte
immer dieses Hin und Her
heute Titten
morgen keine
was soll denn übermorgen kommen?

30.01.2000

album_kapitel_34

BEST OF

So ist das, wenn man prominent ist.
Es ist immer gleich jemand zur Stelle
um ein Scheißbild zu machen.
Unrasiert und fern der Heimat
Schmalzlocke über der Stirn
gute Miene zum bösen Spiel
aber gut
das ist ja auch wurscht.
Ä
Ich höre schon andauernd ABBA

Best of
natürlich
Drunter sollte man es nicht machen.

06.02.2000

album_kapitel_35

Der Neger Erwin?

Nein. Das ist eine sehr schöne Aufnahme von mir. Ich fotografier halt gerne die Leute und häng mir die Bilder, die mir für 5 Mark nicht abgenommen werden, an den Hut.
The whole man must move together. Frei nach Lichtenberg: Je näher das Herz beim Hut ist, desto näher können die Entschlüsse warm ratifiziert werden.

20.02.2000, nachträglich

album_kapitel_36

Sind Sie noch am Leben?

SIND SIE NOCH AM LEBEN?

Ihr wöchentlicher Check-up

1 Am 2. Februar war es wieder soweit: In Punxsutawney, Pennsylvania, machte ein Murmeltier auf dem alljährlichen Volksfest seine meteorologische Vorhersage: Ist der Schatten des putzigen Gesellen deutlich sichtbar, kommt der Frühling bald. Nur wo steckt das Murmeltier denn hier?

Das ist eine gute Frage.
Selbstverständlich checke ich das wöchentlich, ich bin ja auch ZEIT-Abonnent und kenne meine Pflichten.
Dagegen reden vielleicht? Um Gottes willen. Außerdem: Nicht dagegen reden ist ja auch irgendwie dagegenreden, nicht wahr? Sind Sie noch am Leben? Ja freilich.

06.03.2000

album_kapitel_37

Fette Welt

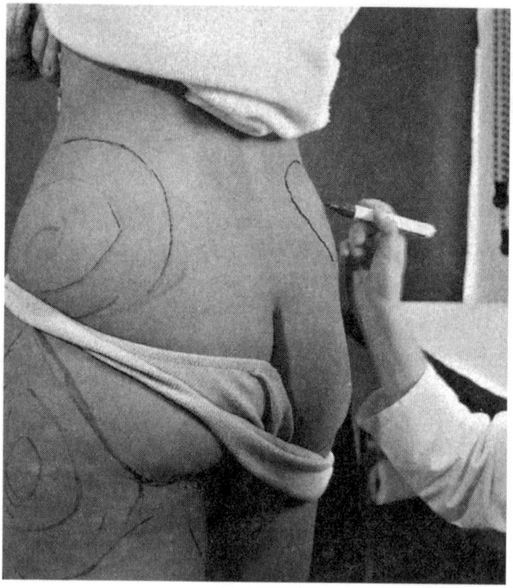

Zum Golfprofi hat's ebensowenig gereicht wie zum Tennisstar.
Ich hatte aber auch nicht die Kraft, ein Abteilungsleiter zu werden.
Aber ich kann ja meiner Wege gehen, es hat mich nie einer daran gehindert.
Es kann heute jeder machen, was er will.
Auf dem Hügel ist es kühl, selbst die Grashalme

belebt von der Grazie
der fetten Welt

juchzen.

Das Fröhliche ist eben sanft erhalten,

es lebe eben das:

her mit den sanften Hügeln
zupf die Blüten aus
mitten im Krieg

aber das wäre ja ein Gedicht.

14.03.2000

album_kapitel_38

Der Löwe muß brüllen

Lieber Frank,
wochenlang will ich Dir schon schreiben, brachte es aber einfach nicht übers Herz, weil mich derzeit andere Dinge treiben. Aber heute kamen vom ORF 57,99 Euro für meinen Radioauftritt, und das brachte mich ins Trudeln. 258 Schilling Ausländersteuer mußte ich zahlen, das zog man gleich ab. Darf ich mich also auch mal als Ausländer fühlen. Bei umgerechnet 36 Mark 80 ein billiges Vergnügen.

Ich habe jetzt beim ORF die Mitarbeiternummer 1305425, das Arbeitsverhältnis unterliegt dem Entgeltfortzahlungsgesetz, demzufolge habe ich folgendes zu entrichten:

IESG-Zuschlag
Entgeltfortzahlungsbeitrag

Kammerumlage
Wohnbaufoerderungsbeitrag

Nur damit Du siehst, was ich für Österreich leiste.

Heute kriegst Du zu dem Text erneut das unscharfe Bild von uns zwei, das Deine Frau im Restaurant des Karl-Valentin-Musäums geschossen hat, aber ich gehe noch einen Schritt weiter und verrate Dir, daß ich so das Gefühl habe, es wäre an der Zeit, Jackson Pollocks Kopf aus einem steinernen Klotz zu hauen. Ich meinte natürlich, heute kriegst Du zu dem Bild Text, der wieder einmal nicht in der Frankfurter Rundschau stehen könnte, wo man immerhin eine Zuneigung für mich hegt.

»Und als ihr Mann dann am Morgen erwacht sei, noch immer in ihr, und als erstes hinübergesehen habe zu dem Holzschemel am Fußende des Bettes, sei dort niemand mehr gewesen. Nur auf der Wand ein Fleck wie lange eingetrocknetes Blut. Wie in einem Album, sagte sie. Wie in einem Album? Ja, sagte sie, wie ein Fleck in einem Album.« (Thomas Hettche, Animationen).

Wie das hier enden soll, fragst Du mich, und ich sage: mit einem Fleck. Und plötzlich, aus dem Nichts heraus, steht dieser Text fett und kursiv. Hat nichts zu bedeuten, ich ärgere mich nicht mehr über den Netscape Composer. Das Programm ist so stur wie ein korsischer Esel. Und ich habe keine Kraft für technischen Schweinekram aus den Hirnen verwirrter Ingenieure. Ich fühle mich krank, weil ich mich zuwenig ausdrücke, das ist mein Problem. Das Zerstörte zu bebildern kann aus

einem bestimmten Grund nicht funktionieren, ein systemimmanentes Problem. Ist das zu theoretisch? Na ja, es ist später Vormittag. Apfelschorle. Schon etwas abgestanden. Schwach perlt die Kohlensäure auf meiner Zunge. Wie man sein Verhalten ändert, wenn die Sonne scheint. Gestern noch war ich mürrisch, las in Johann Peter Eckermanns »Gespräche mit Goethe«. Ich habe nicht viel für Goethe übrig, wenn ich mürrisch bin. Da ist er mir zu egomanisch und Eckermann zu hündisch, übrigens. Und wozu denn die Poeten, wenn sie bloß die Geschichte eines Historikers wiederholen wollten! sagt Goethe. Shakespeare geht noch weiter und macht seine Römer zu Engländern, und zwar wieder mit Recht, denn sonst hätte ihn seine Nation nicht verstanden. Und ich? Ich mache die Bayern zu Italienern, damit sie mich endlich verstehen. Dabei ist es so einfach. Ich hasse diesen Bild- und Textjournalismus. Ah, jetzt ist der Text nur noch fett. Hast Du schon mal eine italienische Zeitung gelesen? Ich nicht. Aber ich habe mir sagen lassen, daß da die Artikel Erzählungen sind. Es war ein kalter und grauer Novembertag, als der Schriftsteller Heiner L. sein Haus verließ, um die wenigen Meter bis zum nahegelegenen Zigarettenautomaten zurückzulegen. Schnee knirschte unter seinen Sohlen, als er plötzlich – wie aus dem Nichts kommend – einen Einfall hatte, der ohne Folgen bleiben sollte … So ungefähr. Verstehst.

Der Löwe muß brüllen, wenn die Fürstin an der Bude vorbeireitet, da bin ich mit Goethe einer Meinung. Nur verkehrt bei mir nicht der Kronprinz von Preußen, auch nicht in Begleitung des Großherzogs.

27.03.2000

album_kapitel_39

RECEIVE ONLY

Receive only.

02.04.2000

album_kapitel_40

Linkshändig

Obelix und Co. Gute Literatur. Goscinny sollte man ein Denkmal setzen.

Ich dagegen schaue mir die Fingernägel von Herrn Joseph Beuys, Künstler, an (unter Glas) und frage mit Brinkmann, wie es wäre,
wenn seine Hand öffentlich
einem Hund
an einem
schönen, hellen
Vormittag
»Hundefutter«
hinhielte.

Na gut. Ich bin als Ersatzmann nominiert, höre ich, und ich

höre es gern, denn ich bin ja überhaupt ein Ersatzmann. Entweder ist man zum Ersatzmann geboren, oder man wird Abteilungsleiter. Ersatzmann aber werden die wenigsten, was ich irgendwie gar nicht verstehen kann. Ich persönlich habe meine Ersatzmannexistenz sofort auf alle möglichen Bereiche ausgedehnt, und zwar bis hin zur Fahrzeugpflege. Soll ich zugeben, daß ich einen Golf fahre? Joker heißt das Modell. Wie herrlich leuchtet mir die Natur, es dringen Blüten aus jedem Zweig und tausend Stimmen aus dem Gesträuch (für die Germanisten). Drum komme ich nicht zur Fahrzeugpflege. Ich könnte mich leicht damit rausreden, daß ich meine Zeit ja fast ausschließlich in der Mongolei verbracht habe. Auf der Suche nach dem totalen Liebesakt. Aber da mir da ein konkretes Wesen vorschwebte, konnte es nicht klappen. Das Herz hat es mir nicht zerrissen, da man sich in meinem Alter nicht mehr so leicht verletzen läßt. Wird auch der Haß geringer? Die Bereitschaft, die Drecksau von Gegenüber linkshändig umzuhauen? Wahrscheinlich. Wie ich es hasse, Fragen mit »Wahrscheinlich« zu beantworten.

Selbstverständlich, auch ich sehe ein paar Schneeflocken. Nur sehe ich auch, wie sie von drontenfüßigen Rentnern zusammengetreten werden, zu grauem Dreck. Dazu kommt, daß es derzeit immer weniger schneit. Und es wird auch zu früh hell, für meinen Geschmack. Helligkeit bedeutet schließlich weniger Straftaten.

In der Wüste, in der Mongolei, habe ich Verkehrsschilder aufgestellt, vor allem Vorfahrt achten! Und natürlich Einbahnstraße. Sowas käme mir ja in Europa gar nicht in den Sinn. In Europa bleibt mir nur, die Verkehrsschilder als konkrete Wesen wahrzunehmen. So liebestoll und romantisch wie ich ist nicht leicht einer, und so leicht hält man sich auch nicht in Oberbayern auf, und so leicht kennt man ja auch nicht die Menschen, durch die man durchläuft. Es raschelt nur der Duschvorhang. Und und und? Und endlich kommt mir ein Geräusch in den Sinn. Das Hüpfen eines Wellensittiches, die Krallen auf den Stangen.

09.04.2000

album_kapitel_41

PILOTEN

16. April 2000, 60ster Geburtstag von Rolf-Dieter Brinkmann.

»Ich werde aufblitzen in
meinem Pilotenanzug«
(Mike Silverston, Kork – Motto zum Pilotenband).

... als ich schnell durch den Krupp-Park zur Berufsschule ging und einen Vogel in das Gras hacken sah: der Wahnsinn der

Nahrungsbeschaffung, der Zwang, der in jedem Hacken, Pikken, Hüpfer, jeder Kopfwendung war – kein Entrinnen daraus: und das Erschrecken hat sich auch mit Grauen gemischt/ Immer wieder haben Menschen mich zu zerstören versucht durch ihre wahnwitzige Verwertungssucht, bis in die Träume und Gedanken wollten sie dringen, und haben mich nervös gemacht, aufgeschreckt, nicht in Ruhe gelassen. – Alles, was sie sprachen, taten, mußte einen Sinn haben, der der jeweiligen Verwertungsordnung unmittelbar entsprach – das war schon auf der Schule so, anstatt daß man dort wenigstens lernte um des Lernbaren und Wissenswerten willen, um den Drang nach Wissen zu befriedigen – erst dann kann man weiterkommen, wenn dieser Zwang zur sofortigen Verwertung fort ist.

Die letzten 11 Zeilen aus »Rom, Blicke« von Rolf-Dieter Brinkmann.

Wie war der Tag? Geprägt vom vorgestrigen, geprägt davon, daß ich wahrscheinlich nicht aufblitzen werde, in meinem Pilotenanzug. Na, das macht nichts. Für die, für die ich aufblitzen möchte, gilt der Pilotenanzug nichts. Genauer gesagt, für die, für die ich aufblitzen möchte, ist der Pilotenanzug Alles oder Nichts. Sagen wir mal so: Für die, für die ich aufblitzen möchte, möchte ich auf alle Fälle aufblitzen, in meinem Pilotenanzug.

Das ist doch ganz einfach.

Es ist zwar alles noch viel schlimmer geworden.

Aber wir fliegen noch.

16.04.2000

album_kapitel_42

Vorbilder?

Ich gehe zu IKEA, nur um mal wieder Menschen zu sehen. Es müssen ja nicht immer die großen Bilder sein. Che oder Adenauer, oder der Kniefall Willy Brandts, und was es da sonst noch alles gibt. James Dean. Honecker. Die Olympischen Spiele. Mit dem Vorsatz, die Menschen zu mögen, betrete ich das IKEA-Gebäude. Ostereier kaufen Ostereier kaufen Ostereier. Beim IKEA in Eching zu München. Ich roch an einem Handtuch in der Badezimmerabteilung, da ich schon auffiel, da ich mir dachte, daß ich schon auffiel, genauer gesagt. Doch es wurde nicht als Geste der Unsicherheit wahrgenommen. Ich glaube, es wurde gar nicht wahrgenommen. Auch nicht, daß ich mir in der Küchenabteilung eine verchromte Salatschüssel auf den Kopf setzte. Ich hätte in der Bettenabteilung (die reinsten) Fickbewegungen machen können, auch das wäre nicht im mindesten aufgefallen. *Der kleine Justin Hofschneider möchte aus dem Kinderparadies abgeholt werden.* Man kann sich ja mittlerweile eine Einrichtung komplett aus Ikea-Möbeln zusammenstellen, ohne daß das dann nach Ikea aussieht. Andy z.B. hat jetzt eine Ikea-Küche, die gar nicht nach Ikea aussieht. Es gibt überhaupt nur noch wenige Ikea-Möbel, die nach Ikea aussehen. Außer vielleicht das komplette Badezimmer für DM 298,–.

Ikea sind vielleicht nur noch die pickelgesichtigen Ikea-Hemdträger, die durch die Gänge huschen, als ginge es um ihr Leben.

23.04.2000

album_kapitel_43

Vorbilder!

»Ich sah das Plakat«, schreibt der Photograph Albert Winkler, »und lauerte vis-à-vis auf irgendeine lustige Begebenheit. Ehrlich gesagt, dachte ich an einen Hund, der …
Doch das Glück wollte, daß sich die beiden gerade hier trafen und stürmisch begrüßten.«

AUS
ÄPFEL
AMEN

01.05.2000

Die Banalität des Prolligen

Eine Art Begleiterscheinung

mit gütiger Hilfe von Robert Gernhardt, Helmut Krausser,
Norbert Niemann & Georg M.Oswald
28. Juni 1999–06. Mai 2000

Hier Eichenau. Alles ruhig an der bürgerlichen Front. Ich kann ja nicht jeden Tag ins berühmte Wirtshaus *Zur Post* gehen. Alleine schon zweimal nicht. Was sagst Du zu dieser drolligen Überschrift?

Heiner Link, 28.06.99

Drollig? Prollig? Ich weiß nicht. Neulich hörte ich jemanden sagen, dieser oder jener sei so »prolettig« gewesen. In der Verkürzung des e und der Hervorhebung des t – hier wiedergegeben als Doppel-t – versammelte sich sein ganzer Abscheu. Nur, wovon sprach er? Er sprach von reichen Leuten, einer ganz bestimmten reichen Familie, die ihren Reichtum so 500er SL-mäßig heraushängen läßt. Das fand er »prolettig«. Ein anderer meiner Freunde, der heute beim Kartellamt in Berlin arbeitet, sprach hingegen, wenn er Prolls meinte, immer von »Prools«, was ihn, so glaubte er vielleicht, vornehm erscheinen ließ. Ja woher soll ich denn wissen, was das heißt: Die Banalität des Prolligen. Ich habe von der »Banalität des Bösen« gehört, aber das Prollige ist ja nicht böse, sondern zuerst mal nur doof. Wie kommst du überhaupt darauf, so eine Überschrift zu wählen?

Georg M. Oswald, 01.07.99

Weil wieder mal kein Bier im Haus war. Da mußte ich doch meine Frau zur Rede stellen. »Prolettig« ist doch wunderbar, oder »Prools«. Was sich da für ein Sound entwickelt, aus einer banalen Überschrift heraus, die übrigens von Goetz ist. Ich finde, man kann aus dieser Überschrift heraus alles Wesentliche entwickeln, aber Bier haben wir trotzdem keins im Haus. Die von der Tankstelle schaun mich schon immer so komisch an (FINA).

Heiner Link, 02.07.99

Heute nach dem Kinderturnen mit Simon im Biergarten an der Hauptschießstätte, Du weißt, dort, wo wir beide seine Geburt begossen haben (anfänglich). Wir waren beide sehr schweigsam (Simon und ich, meine ich jetzt). Er, weil er vom Turnen erschöpft war, ich, weil ich darüber nachgedacht habe, daß nun sechs Jahre, die ich gut und gerne mit meinem Lektor Carlo verbracht habe, unwiederbringlich vorbei sind. Aber davon darf nicht gesprochen werden, denn nichts ist ekliger als sentimentale Männer.

Georg M. Oswald, 13.07.99

Gestern wieder mal eine katastrophale Einkaufstour, in einer Schlange mit Rentnerinnen, die für 60 Mark Fleisch und Wurst einkaufen, 100-gr-weise. Und dann noch das Geplaudere über die Enkelkinder und/oder die Schwester aus dem Elsaß. Haß- und Mordgedanken. Du weißt, ich bin hart im Nehmen, aber das bringt mich noch um. Nur, weil ich mal wieder »frisch« einkaufen wollte. Dabei hatte ich schon vor drei Monaten ausgekundschaftet, daß unser SPAR nachmittags zwischen 2 und 3 ganz schwach frequentiert ist, praktisch keine Rentner, und überdies fast alles aus einer Hand anbietet. Aber dann wünscht sich mein Sohn Fleischpflanzerl (Bouletten), und ich verfalle umgehend der Wahnvorstellung, das Hackfleisch unbedingt beim Metzger erstehen zu müssen. Immerhin habe ich mir den Gemüsehändler (TuttiFrutti) geSPARt, was aber zu Lasten der Fleischpflanzerl ging, denn da hätte ich frischen Majoran gebraucht. Aporien, Aporien, Aporien.

Heiner Link, 14.07.99

In meiner Gegend gibt es überhaupt keinen SPAR. Der gehobene Sendlinger pflegt im HL-Markt einzukaufen. Dort gibt es sogar Joghurt und Wein vom Käfer! Am liebsten aber mag ich im HL-Markt – da ich ein gehobener Sendlinger bin, kaufe ich ausschließlich im HL-Markt – die Musik. Das ist nicht mehr die früher übliche Kaufhaus-Muzak, sondern erstklassige Ware. Am letzten Samstag zum Beispiel lief die ganze »Rust never sleeps« von Neil Young. Luftgitarre spielend rockte ich auf das Kühlregal zu – »Hey, hey, my, my, Rock'n'Roll will never die« – und holte mir einen Sixpack Käferjoghurt natur, rechtsdrehend – »it's better to burn out, than to fade away« – und blieb anderthalb Stunden im HL, bis zur dritten Zugabe.

Georg M. Oswald, 19.07.99

Da jetzt im Radio »In The Mood« von Glenn Miller gespielt wird, hagelts draußen. Gibts im Sendlinger HL auch die teuren Ölsardinen, Madeleine oder so ähnlich? Und die pürierten Tomaten von Parmalat? Artischocken, ganz frisch? Ballantines für 20.99? Verchromte Bierflaschenuntersetzer? Zahnbürsten von SIEMENS? Zweitens wohne ich ja auch in München-Pasing, wo angeblich gar keine Leute leben sollen. Da bevorzuge ich übrigens den GROSSO-Markt. Aber gut. Vermutlich schweifen unsere Elemente des surfiktionalen Diskurses (Wörter, Phrasen, Sätze, Szenen, Räume, Supermärkte usw.) voneinander ab, weil Du literarisch noch immer der Meinung bist, daß der surfiktionale Diskurs von links nach rechts, von vorne nach hinten usw. etwa in gerader Linie hin auf einen Plot gezeichnet verläuft. Dabei ist doch evident, daß er Konturen der Sprache und des Materiales folgt, sich gewissermaßen an den Kurven der Sprache projiziert. Alles Material ist frei verfügbar, insofern entwickelt sich zwangsweise eine unvorhergesehene Gestalt des Textes. Formale Eiertänze können uns nicht länger interessieren.

Somit wird der Leser nicht länger durch einen auktorialen und autoritären Standpunkt manipuliert, dafür ist er gezwungen, eigene Ordnungsschemata aufzustellen. Führt zur totalen und gewissermaßen emanzipatorischen Beteiligung an der Fiktion und hat den Vorteil, daß man als Schriftsteller weniger Arbeit hat. Diese Chance aber hat man mit dem Ende der Postmodernen-Debatte sausen lassen, und Du bist natürlich umgehend der narrativen Masse gefolgt, ihr blind hinterhergestürzt, so, wie Du ebenfalls blind in den HL-Markt hineinstürmst, ans Kühlregal »hinrockst« und mit Käfer-Joghurt jonglierst. Igitt!

Heiner Link, 20.07.99

Es ist 19.00h, d. h. mein vollkommen schwachsinniger Nachbar beginnt jetzt wieder mit seiner Schlagbohrmaschine Löcher in die Wand zu bohren. Eines Tages werde ich ihn deshalb zur Verantwortung ziehen. Ich sag' Dir was: Der Meister ist heute indisponiert. Ich geh' jetzt rüber und werde dem unsäglichen Herrn K., dessen Wand aussehen muß wie ein Schweizer Käse – Löcher-mit-der-Bohrmaschine-bohren ist wahrscheinlich auch eine Suchtkrankheit –, den Marsch blasen!

———

Wieder zurück. Der Sauhund hat nicht aufgemacht. Der weiß schon warum. Wir sprechen uns noch.

Georg M. Oswald, 29.07.99

Was es alles gibt. Ich habe Probleme mit den Ferien. Heute Kinderflohmarkt bei der »Schule Mitte«. Auto volladen (schreibt man das mit 3 l?), alles aufbauen, dann nett sein zu den Kolleginnen, bei mir gibts heut einen Nudelauflauf, Waschmaschinenprobleme und so weiter, dann alles (bzw. mehr als vorher) wieder ins Auto laden. Der ganze Nachmittag im Arsch. 6 Wochen Ferien, verstehst, das heißt Baden gehen, Tierpark gehen, Märchenwald gehen usw., bis zum Abwinken, das sind meine Probleme mit dem Schreiben, ich komme kaum dazu.

Heiner Link, 29.07.99

Gerade so habe ich mir die Unterhaltung zweier Schriftsteller im Internet vorgestellt: Waschen, Bügeln, die Kinder, die Nachbarn, was gibt's zum Mittagessen. Reden wir übers Waschpulver. Also mit dem Skip bin ich recht zufrieden, auch wenn's unverschämt teuer ist. Aber mit dem Skip-Fleckenzusatz bringe ich sogar Rotweinflecken aus weißen Tischdecken rückstandsfrei heraus. Da legt man gerne ein paar Mark mehr auf den Tisch. Heute im HL-Markt vor mir ein Herr mit einem Einkaufskörbchen, in dem sich zehn Halbliterdosen Löwenbräu und ein Päckchen Schwarzer Krauser befanden. Der Kassierer: »Wieviel?« Der Herr: »Zehne.« Der Kassierer: »Moment, Moment.« (Zählt die Dosen). Der Herr: »Aha, Kontrolle, oder.« Der Kassierer: »Vertrauen ist gut, Kontrolle ist besser.« Der Herr (giftig, aber leise): »Is scho recht, nacha, is scho recht, ham S' as jetzt kontrolliert, stimmt ois.« Der Kassierer: »Zehn Stück Löwenbräu dann.« Der Herr: »Ja, sog i doch: Zehne.« Nachdem er bezahlt hat, zieht er, immer noch motzend, ab.

Georg M. Oswald, 03.08.99

Ja, nun, man versucht halt auch mal was zu machen, was die Leute interessiert, nicht wahr? Mir hat man ja erst kürzlich wieder den Vorwurf gemacht, ich würde nur für ein kleines »Expertenpublikum« schreiben. Da mußte ich natürlich in mich gehen.

Heiner Link, 04.08.99

Natürlich schreibst Du für ein Expertenpublikum. Deutsche Autoren schreiben ausschließlich für ein Expertenpublikum. Mein Lesepublikum zum Beispiel besteht, das weiß ich, ganz ausschließlich aus Experten. Allerdings wird einem das nur immer schön euphemistisch so hingerieben, wenn es darum geht, geringe Auflagen zu erklären, denn mit dem Wort »Expertenpublikum« soll ja gesagt sein, daß es eben nur wenige Experten gibt. Ich finde das extrem beruhigend, stell Dir vor, Du siehst einen, der Dein Buch liest, und kannst sofort sagen: »Ah, Gottseidank, ein Experte.«

Georg M. Oswald, 05.08.99

Papperlapapp. Ich habe immer nur für die Frauen geschrieben. Immer nur. Die Frauen haben das vielleicht noch nicht bemerkt, das mag schon sein, kann mich aber nicht aufhalten. Nein, ich habe noch nie gesehen, daß (oder wie) jemand mein Buch liest, aber mein Nachbar. Der hat in der S-Bahn zwischen Puchheim und Aubing eine Frau (!) dabei beobachtet, wie sie den »Hungerleider« las. Das war an einem Donnerstag um 14.36 Uhr. Vor ungefähr sechs oder sieben Monaten (am 26.01.99).

...

So. Habe schnell eine halbe Stunde im Neuen Testament gelesen, jetzt fühl ich mich doch gleich ein wenig frischer. Zum Geburtstag möcht ich Dir gratulieren, alter Schwammerlsucher!

Heiner Link, 05.08.99

Dein Nachbar ist ein charmanter Lügner. Er weiß, wie man Autoren beglückt, die für ein Expertenpublikum schreiben. Die größten Experten für Literatur sind natürlich schöne, reiche, intelligente Frauen, die aufgrund der Lektüre eines

Romans in unsterbliche Liebe zum Dichter verfallen. Spezi, das glaubst Du doch selber nicht!

Georg M. Oswald, 08.08.99

»Erfolg macht sexy. Und sexy will jeder sein. Noch besser ist natürlich der internationale Erfolg, der macht international sexy. Erst der internationale Erfolg hat was wirklich Verruchtes. Da bin ich natürlich dabei.« (Heiner Link, *Affen zeichnen nicht*)
Nur Ärger den ganzen Tag und immer noch keine Literaturpreise. Immer, wenn ich mit dem Einräumen des Geschirrspülers dran bin, muß das Salz nachgefüllt werden. Das ginge ja noch, aber heute ist das Salz auch noch ausgegangen. Gestern abend ein Interview mit einer Journalistin vom *Münchener Merkur*. Stell Dir vor, die kannte sich richtig gut aus. Heute auch Telefonat mit Böttiger von der *Frankfurter Rundschau*, der unser Schriftstellertreffen in Rendsburg ankündigen und »entsprechend würdigen« will. Sehr nett, sehr interessiert. Was ist denn mit denen los? Aber das bißl Erfreuliche muß natürlich gleich wieder bezahlt werden. Lesung im Muffatcafé mit Franz Dobler als DJ wegen völlig indiskutabler Bedingungen endgültig geplatzt. Da hätt ich noch Geld mitbringen sollen. Aber gut, dann les ich halt in der Eichenauer Gemeindebücherei an die Regale hin, das ist mir auch recht. Oder ich probiers mal in Puchheim, da hast Du ja auch schon mal gelesen.

Heiner Link, 10.08.99

Ja, im katholischen Pfarrheim. Über zweihundert Leute waren da. Die sind aber nicht zu meiner Lesung gekommen, sondern zur Generalprobe für eine am nächsten Tag wohl stattgefunden habende Firmungsfeierlichkeit in einem anderen

Saal. Ich hingegen hatte acht Zuhörer. Zwei alte Damen, die, als ich las, ständig den Kopf schüttelten, die Buchhändlerin, ein Faktotum, vermutlich der Glöckner oder Pedell des Hauses, eine sogenannte Journalistin der Regionalbeilage der SZ mit Namen Zeckhuhn o. s. ä., eine Frau mittleren Alters, die – man stelle sich das vor – alle meine Bücher gelesen hatte!, und zwei Schülerinnen, die den ganzen Abend über vollkommen abwesend schienen.
Es war ein rauschhaftes Erlebnis, ich las, wie ich noch nie in meinem Leben gelesen hatte, befeuert von der atemberaubenden Kulisse, die mir Lorbeerkränze zuwarf und mich mit Da-capo-Rufen zum Äußersten trieb! Sagte ich, die alten Damen hätten ständig den Kopf geschüttelt? Das hatte nichts mit meiner Lesung zu tun, das war nur der Parkinson. Sagte ich, die Schülerinnen scheinten vollkommen abwesend? Sie waren in Trance! Frau Zeckhuhn warf mir ihren BH auf die Bühne, es war ein kulturelles Ereignis allerersten Ranges, mein Lieber! Ich kann Dir nur raten, lies in Puchheim, das Publikum dort ist nicht zahlreich, aber von hohem Geschmack. Zefix.
Morgen fahre ich in den Schwarzwald auf eine Berghütte und werde schreiben, nur schreiben. Kein Internet, kein Telefon, kein Fernseher. Nur: mein Roman. Ich kann Dir gar nicht sagen, wie ich mich darauf freue. Bericht folgt.

Georg M. Oswald, 12.08.99

So war das nicht gemeint. Macht der mir hier die ganze Lokalpresse zum Feind. Ja, was glaubst Du denn, wie ich jetzt dastehe? Ich fühle mich im Landkreis Fürstenfeldbruck wohl. Ich habe Berichterstattung. Ich mag Puchheim. Das kann eigentlich nur die Sendlinger Überheblichkeit sein. Du mußt schon damit leben können, einmal nicht vom Publikum angenommen zu werden. Aber gut, Dir will ich es auch mitteilen, ich schreibe dies unter größten Schmerzen, denn ich habe mir heute am Zigarettenautomaten das rechte Handgelenk geprellt. Es ist ein wenig geschwollen, und ich kann die Farbe schlecht einschätzen. Lila oder blaugrün. Und dann habe ich heute 480 g Bohnen eigenständig abgewogen, es handelte sich, glaube ich, um knapp zwo Mark, was die Kassiererin vom SPAR nicht glauben wollte. Ein Nachwiegen ergab, daß ich nicht betrogen hatte. Ein ereignisreicher Tag also. Fast wie im richtigen Leben.

Heiner Link, 12.08.99

Längst ist er wieder da, der Kollege Oswald, aber es scheint ihn der jäh hereingebrochene internationale Erfolg zu hemmen. Na gut, dann will ich auch einmal Anekdotisches preisgeben, damit uns die paar hundert Rechner erhalten bleiben. Was habe ich die letzten Tage erlebt, das auch für die Nachwelt interessant sein könnte? Ich habe in der Lufthansamaschine von München nach Hamburg das Feuilleton der FAZ gelesen. Über Erfurt bin ich dann aufgewacht, weil mich der Nachbar zur Linken auf eine Grenzüberschreitung hinwies. Ein Fitzelchen Zeitung berührte sein rechtes Knie. Um Gottes willen, sagte ich, wie konnte das passieren. Na ja, so schlimm wars auch wieder nicht, sagte er. Nein, nein, sagte ich und riß die Zeitung nach rechts, wo eine ausgesprochen hübsche junge Dame saß. Es hat nicht funktioniert, aber man wird mir zugute halten müssen, daß ich immerhin einen ziemlich prompten Einfall hatte.
Ich möchte wirklich wissen, warum ich bei den Frauen immer alles falsch mache. Ich meine, selbst Maxim Biller hat eine Geliebte. Wie steh ich denn literaturgeschichtlich da, ohne Weibergeschichten?

Ach ja.
Na, na, na.
Ja, ja, ja.
Nix, nix, nix.

Heiner Link, 26.08.99

DamenundHerren, ich bins schon wieder. Der Kollege Oswald ist verschollen. Ich soll zwar angeblich am Sonntag mit zum Wandern in eine mir unbekannte Schlucht gehen, soviel konnte ich der versatzstückhaften Andeutung meiner Frau entnehmen, aber wenn es in dieser Schlucht kein Wirtshaus gibt, dann kann sie mir gestohlen bleiben. Die frische Luft und das Ahhhh und Ohhhh beim Betrachten von Granit, Entschuldigung. Oswald behauptet ja auch immer, ich wäre ein gefühlloser Bauernfünfer. Nehmen wir die Sonnenfinsternis. Wenn ein Wind aufgekommen wäre, gut, aber es kam kein Wind nicht auf, und hier in Eichenau sind die Vögel auch nicht von den Ästen gefallen. Vorschriftsmäßig aber schaltete sich dagegen die Straßenbeleuchtung ein. Sowas muß man doch auch mal feststellen können.

Heiner Link, 27.08.99

Richtig, ich mußte nachdenken, und das dauert bei jemandem wie mir mitunter etwas länger. Ich bin ein schwerfälliger Kopf, der sich schnell in eine Sache verrennt. Ich war im Schwarzwald, um an meinem Buch zu schreiben. Das Schreiben ging gut, aber der Schwarzwald ist eine erstrangige Scheußlichkeit. Zwischen den höchsten Wasserfällen Europas und den größten Kuckucksuhren der Welt, die jede zweite Gemeinde behauptet, in ihrem Territorium ausstellen zu können, trifft man außer auf Japaner und Amerikaner auch auf Einheimische, und die sind samt und sonders vom

Teufel geritten. Will man um halbneun abends ein warmes Essen bestellen, gilt man sofort als verkrachte Existenz. Geht man um zehn Uhr nachts zur örtlichen Telefonzelle, wird man am nächsten Tag beäugt wie ein Verbrecher. Ich übertreibe? Nein, ich berichte, was ich erlebt habe. Daß ich jeden Tag zwölf Stunden vor meinem Notebook gesessen bin und dabei geraucht und getrunken habe – das Rauchen und Trinken gehört für mich zum Schreiben wie das Notebook und, meinetwegen, der Drucker –, hielten die Leute dort für den Beweis meiner Gemeingefährlichkeit. »Ä Buach schreibet Se!« sagten sie, als hätten sie mich eines Verbrechens überführt. »Gängäs halt ämal nous in die freie Natour!«
Es war schon recht, da im Schwarzwald. Ich schreibe am liebsten dort, wo man sofort gesagt kriegt, daß es eine absolute Zumutung für den Rest der Welt ist, wenn einer schreibt, egal, ob man für sein Zimmer bezahlt oder nicht.
Zu Deinem letzten Eintrag: Ich habe nie gesagt, daß Du ein gefühlloser Bauernfünfer bist, sondern Du bist ein dreifach linksverzinkter Bauernfünfer, was noch viel schlimmer ist! Wir sehen uns in der Partnachklamm!

Georg M. Oswald, 28.08.99

Partnachklamm, ja. Mußten wir da auf einer Zeugen-Jehowas-Almhütte landen und alkoholfreies Bier trinken? Hats das gebraucht? Soviel zum Thema: »Gängäs halt ämal nous in die freie Natour!« Alkoholfreies Bier, auf einer bayerischen Berghütte, Zeugen Jehowas in den Garmischer Hausbergen, ja Moment mal, da muß man sich doch fragen, was da eigentlich vor sich geht. Ich bin ja nun wirklich kein Traditionalist, aber das Bier ist schließlich das letzte revolutionäre Element in diesem Restbayern, das muß doch verteidigt werden! Könige haben sich da schon die Zähne ausgebissen, gelt, und

dann kommt da so ein Kräuterweiberl daher und drückt mir ein Bleifreies in die Hand. Hinspeiben hätt ichs ihr sollen. Was haben wir bestellt (ich möchte, daß Du das hier öffentlich bestätigst!), ein Bier haben wir bestellt, Du ein Weißbier und ich ein Helles. Korrekt im Dialekt.
Alles bloß wegen der Religionsfreiheit, gegen die ich mich hiermit nachdrücklich ausspreche.

Heiner Link, 30.08.99

Na ja, so wie wir hier arbeiten, kann eben nicht jeder Beitrag gut sein. Macht aber nix, denn Kollege Oswald darf sich vertraglich nicht negativ äußern, und sonst kommt mir hier wahrscheinlich keiner rein. Da ist also gar nichts zu befürchten.
Ansonsten gebe ich bekannt, daß ich gestern abend 42 Seiten aus meinem (in Arbeit befindlichen) Roman zum Fenster rausgeschmissen habe, völlig zerfetzt, versteht sich, und anschließend unter Aufbietung meiner doch recht schmalen EDV-Kenntnisse fast meine Festplatte gelöscht hätte (beim Versuch, auch die Sicherungsdateien zu eliminieren).

Houellebecq gekauft und angelesen (30 Seiten)
Dr. Strychninski in der Pasinger Fabrik gesehen, Pfeife (rauchend)
Meinem Lektor telefonisch vorgejammert
Conny Lösch nicht erreicht
Müßte mal wieder die Flaschen wegbringen

Heiner Link, 03.09.99

Meine letzten Manuskriptvernichtungsorgien liegen Gott sei Dank schon eine Weile zurück. Schlimm waren die, bei denen an das Wegwerfen eines Manuskripts die Frage geknüpft war, ob es überhaupt einen Sinn hat, weiterzumachen, ob

man es je schaffen könne, ein Schriftsteller zu werden. Heute reut es mich um jedes Blatt, das ich weggeworfen habe – insbesondere um die Tagebücher –, nach ein paar Jahren nämlich kann man die Sachen lesen wie die eines Fremden. Man sieht ihr Ungenügen, ihre Stärken vielleicht auch, mit kühlerem Blick. Fall mir jetzt bloß nicht vom Dach, bei dem Versuch, die Manuskriptfitzel wieder einzusammeln.
Vorgestern mit Norbert sauren Preßsack, rot und weiß, zu Mittag gegessen. Saurer Preßsack ist das Größte, wenn er mit Hengstenberg-Altmeister-Essig angemacht ist. Den hat meine Oma in Wessling immer verwendet. Beiße ich in ein Stück hinein, habe ich die Küche meiner Oma wieder vor mir, das großgeblümte Wachstischtuch auf dem Resopaltisch, das Ticken der Wanduhr, den Brotkasten, die Plätzchendose, in denen sie das ganze Jahr über Weihnachtsplätzchen aufbewahrt hat, die im Sommer dann so hart waren wie Panzerplatten, das Foto von meinem Opa, der ja schon starb, als ich drei Jahre alt war.
Mein Opa hätte Dir gefallen. Er hat meine Oma in der Wirtschaft kennengelernt. Dort hat er mit seinen Freunden gesungen: »Und mir genga nimma hoam, weil mir die Mondscheinbriada san.« Meine Oma war Bedienung. Eines Abends hat er ihr einen Antrag gemacht und versprochen, nie mehr ins Wirtshaus zu gehen, wenn sie ihn heirate. Also haben sie die Ehe geschlossen. Das Gelübde hat vierzehn Tage gehalten. Dann ist er wieder zu seinen Mondscheinbrüdern zurück, zum Kegeln, Saufen und Rauchen. Weiße Eule hat er geraucht. Deshalb ist er auch nicht alt geworden.

Georg M. Oswald, 04.09.99

Heute vormittag Frühschoppen mit meinem Vater im Weißen Bräuhaus. Seit seinem Schlaganfall fängt er immer mit einem

Mineralwasser an. Das ist verständlich. Wurden dann aber doch drei Weißbier, das ist auch verständlich.
Beim Hinfahren habe ich ihn noch darum gebeten, seinen Stammtischbrüdern (ich bin da nur Gast) nichts von den drei Zeitungsartikeln zu erzählen, auf die er so stolz ist. Ich meine, das sind ganz angenehme Leute, die noch nie dumme Fragen gestellt haben, verstehst, bisher konnte ich da meine sieben Halbe immer in Ruhe und Gemütlichkeit zu mir nehmen. Idiosynkrasie? Der Mann (mein Vater) hatte Tränen in den Augen, als er ein Foto von mir im *Münchener Merkur* (Lokalausgabe Bad Tölz) sah. Sollte mich Deine Schwester (sag ja nix zu ihr) jemals zu einem Auftritt im Frühstücksfernsehen zu überreden versuchen, würde ich ihm die Freude machen, das ist klar, aber im Weißen Bräuhaus mag ich doch auch weiterhin unbedrängt an mein Halbeglas hinnuckeln (die schauen kein Frühstücksfernsehen).
Jeden Tag ein anderes Problem.
Ach so, ja, übrigens, beim »Hungerleider« habe ich 600 Seiten weggeschmissen, und ich bereue keine einzige davon. Als ich damals mit dem fertigen Manuskript vorstellig geworden bin, wollte man gar nicht glauben, daß ich ansonsten nichts habe, keine Kurzgeschichte, kein Gedicht, keinen Essay, keinen wie auch immer gearteten literarischen Pfurz, ich hatte nichts, nur den »Hungerleider«. Ich meine, ein gestandener Handwerker hebt doch auch nicht das krummgefeilte Eisenstück, für das er als Lehrling noch dazu eine ordentliche Bockfotzn kassiert hat, auf. Oder bin ich da zu unromantisch? Wieder mal.
Wieder mal Bauernfünfer, was?
Und da ich auch heute noch am Anfang stehe, muß ich auch heute noch wegschmeißen.
Ich muß mich jetzt hinlegen.

Heiner Link, 04.09.99

Du hast recht, man steht natürlich immer am Anfang. Aber mein Verhältnis zum Wegschmeißen ist undramatischer geworden, professioneller, wenn Du so willst. Du hast ja mitbekommen, daß es auf dem Weg zu meinem neuen Buch bereits drei verworfene Fassungen bzw. Varianten gab. Das sind zusammen locker 300 Seiten, die ich da geschrieben habe, die aber nicht Bestandteil des Buches werden. Nur streßt es mich nicht mehr so. Ich verlasse mich einfach darauf, daß es mir gelingen wird, den richtigen Weg, den richtigen Tonfall, die richtige Erzählperspektive usw. zu finden. Ich glaube, genau dieser Prozeß des Schreibens, Kontrollierens, Überarbeitens, Verwerfens und erneuten Schreibens auf ein ungewisses Ziel hin, das sich erst im Verlauf dieser Arbeit zu erkennen gibt und das man zu Beginn allenfalls vage zu benennen wüßte, genau dieser Prozeß – und nur der – hat es verdient, »dichten« genannt zu werden.

Georg M. Oswald, 05.09.99

Heute morgen um 5.20 Uhr heimgekommen, um 12.15 aufgestanden, Schweinebraten zum Frühstück, dann drei Stunden in der Badewanne Houellebecq gelesen, anschließend 2 Stunden geschrieben, und jetzt hier dieser kleine Tagesbericht. Beziehungsweise dieser kleine Nachbericht, denn ich war gestern mit drei Anwälten im Kunstpark Ost unterwegs. Mit Dir zusammen, lieber Girgl, kenn ich also insgesamt 4 A(d)vocados, man könnte meinen, ich wäre somit sogar gegen giftige Pfeile gefeit, aber nein, sie haben uns nicht mal ins K41 gelassen, auch nicht in die Cohibar, nur beim Tabledancing klappte es, weil das 20 Mark Eintritt kostet. Ich glaube, ich bin allmählich wirklich zu alt für diese Art des Ausgehens. Wo warst Du?

Heiner Link, 05.09.99

Wer versucht, mit drei Rechtsanwälten in Diskotheken zu gehen, hat sie erstens nicht alle, muß sich zweitens nicht wundern, wenn er nirgends reinkommt, landet drittens naturgemäß in einer Tabledance-Bar und muß viertens eigentlich ein gesuchter Verbrecher der Spitzenklasse sein!
Die Tabledance-Bar, von der Du erzählst, ist mir durch Martin Fengels Beschreibung ein Begriff. Er hat vor ein paar Wochen für das neue Merian-Heft über München dort fotografiert, und es geschah folgendes:
Er stand am Rand der Bühne mit seiner Kamera, und eine Tänzerin hatte sich einen Typen aus dem Publikum hochgeholt, sie tanzte ihren sexy Tanz, und der enthusiasmierte Gast tanzte fleißig mit. Sie war irgendwann nackt, er nur noch in der Unterhose. Er ließ die Hüften kreisen und riß sich endlich auch die Boxershorts vom Leib, und heraus platzte sein halbsteifer Pimmel. Große Begeisterung beim Publikum. Martin fragte den jungen Herrn hinterher, ob er die Fotos verwenden dürfe. Der sagte: »Ja, klar, aber keines, wo mein Gesicht drauf ist. Ich bin schließlich Rechtsanwalt hier in München. Mein Bruder ist gerade hierhergezogen, um mit dem Jurastudium anzufangen, und ich will ihm die Stadt zeigen.«
SO, mein lieber Freund, ist das mit den Rechtsanwälten. Daß Du vier davon zu Deinem Bekanntenkreis zählst, sollte Dir zu denken geben.

Georg M. Oswald, 06.09.99

Endlich habe ich den Scheiß-Gartenzaun fertig gestrichen. Schön hab ichs nicht gemacht, weil ich sowas hasse. Das hält mich alles auf. Ich würde eigentlich am liebsten in einem Hotelzimmer wohnen. Nabokov hat schon gewußt, was er tat.

Gestern abend war ich mit Norbert im Biergarten, anschließend im Pasinger Stüberl. Da war ich schon 15 Jahre nicht mehr drin, die haben mich aber gleich wieder erkannt. Bißl gschaut hams schon, weil mit Norbert wirds ja immer sehr theoretisch. Das waren sie nicht gewohnt. Ja, und dann hatten wir dieses amerikanische Zwetschgenmanderl zum Thema, Du weißt schon, der mit den vanillefarbenen Anzügen, da war Norbert nur schwer zu halten. War wieder mal sehr lustig, spät, zu Hause dann noch einen doppelten Absegler, und schon war der heutige Vormittag auch vorbei. Ich muß schon sagen, meine Vormittage sind nicht sehr produktiv. Die Kinder frühstücken schon selbständig.

Ralf-Rainer Rygulla hat mich zu einer Lesung in seinem Club in Frankfurt eingeladen. Am Buchmessedonnerstag. Das tröstet mich darüber hinweg, daß ich am Freitag ins Lesezelt muß. Ach, die Messe, das auch noch.

Ach so, ja, warum um mich herum alle Rechtsanwalt werden, weiß ich auch nicht. Ich denke aber nicht, daß ich darüber ernsthaft nachdenken werde.

Heiner Link, 07.09.99

Du meine Güte, jetzt ist es 8.30 h, und ich sitze am Schreibtisch, den Tag und die Arbeit vor mir. Ich schreib gerade was für die SZ über Literatur und Internet, Goetz, pool, Null, die »Dreizehn« kommen darin vor. Aber ich denke nicht an die Arbeit, sondern an Simon, wie er heulend aus dem Kindergartenfenster herausgewunken hat, als ich vorhin weggegangen bin. Diese sogenannte »Eingewöhnungsphase« ist schon für mich auch eine. Ich träume auch oft von einem Hotelzimmer à la Nabokov. Der Traum heißt: Entbunden sein von allen menschlichen Verpflichtungen und nur schreiben. Die Woche im Schwarzwald war etwas in diese Richtung, und ich sage dir, nach fünf Tagen fühlte ich mich von Leere bedrängt. Wenn man tatsächlich so »ein neues Leben« anfinge, in einer anderen Stadt, ohne Bindungen usw. – ich bin sicher, man hätte binnen sechs Monaten dafür gesorgt, daß um einen herum das gewohnte Alltagschaos herrschte, einfach, weil man es anders nicht aushielte. Und dann würde man wieder zu jammern beginnen. Also: nicht jammern.

Ralf-Rainer Rygulla. Wie habt ihr euch denn kennengelernt? Der Mann ist ja Literaturgeschichte, und nicht nur wegen seiner Freundschaft mit Brinkmann. Ich weiß nicht, ob ich zur Buchmesse fahren werde. Für jemanden, der gerade an einem Roman schreibt, scheint mir die Messe der falscheste aller Orte.

Georg M. Oswald, 08.09.99

Nicht so mimosenhaft, Herr Kollege, wir schreiben alle an einem Roman und müssen dabei mehr aushalten als die Buchmesse. Ich stöhne ja nur wegen der Sauferei, an der man nicht vorbeikommt. Das ist sogar mir zuviel.
Rygulla kenne ich nicht persönlich. Ich weiß nur, daß er in Frankfurt einen Club mit dem Namen U 60311 hat, ein Techno-Club glaube ich. Und da finden in der Bar wohl ab und zu Lesungen statt. Auf Brinkmann werde ich ihn nicht ansprechen, ich schätze mal, das kann er nicht mehr hören. Schade, daß er nichts mehr macht, aber man muß auch akzeptieren, daß er irgendwann die Schnauze voll hatte. Erst muß man jahrelang den Idioten spielen, und dann wird man alt und erst recht zum Idioten und schreibt vielleicht auch noch Bücher mit dem Titel: »Am Felsfenster morgens«.

Ich habe in Fürstenfeldbruck bei den »Bayerischen Literaturtagen der Kester-Haeusler-Stiftung« (1988 in Erinnerung an Generalmajor Caspar Haeusler, Mitglied des Reichstages von 1907 bis 1918, gegründet) mit Richard Obermayr darüber gesprochen, der denkt ernsthaft ans Aufhören. Ein Buch noch, fünf Bibliotheksexemplare und fertig. Das waren seine Worte. So gehts natürlich auch nicht. Ich denke mir: Solange mich John von Düffel noch siezt, mach ich auf alle Fälle weiter.

Heiner Link, 08.09.99

DamenundHerren, ich bins schon wieder. Kollege Oswald hat grad einiges auf der *pool-Seite* zu tun. Weil er sich aber auch immer einmischen muß, statt mit rumzublödeln.
Ja, nun, man tauscht sich eben aus, nicht wahr. Ich habe vorhin einen Wurstsalat aus Lyoner bestellt und einen aus Regensburger bekommen. So läuft das heutzutage. Regt man sich auf: Genickschuß. Nur, weil man nicht cool genug war. Und dann noch dieses herrliche Wetter, Mitte September.

Heiner Link, 11.09.99

Heute um 12.30 aufgestanden, Suppenfleisch zum Frühstück. Na ja, ich esse eben, was grad da ist. Meine Tochter hat heute in unserer Garageneinfahrt einen Flohmarkt eröffnet und alle betriebswirtschaftlichen Erkenntnisse über den Haufen geworfen. Insbesondere die Standortfrage wird neu diskutiert werden müssen. Ich will das hier kurz aufzeigen, auch um klar zu machen, daß die Literatur durch genaue Beobachtung und Niederschrift politisch etwas bewegen kann. DamenundHerren aus den Glaspalästen: Aufgemerkt! Sonntags wird unsere Straße pro Stunde durchschnittlich von zwokommafünf Rentnern frequentiert. Kaufkraft extrem schlecht. Zielgruppe dings negativ, bekanntlich sind Rent-

ner nicht unbedingt brennend an kleinen Plastik-U-Booten, Comics, Rollschuhen etc. interessiert. Aber Ausrufezeichen. Keine drei Stunden benötigte meine Tochter, um die Umsatzschallmauer von 20 Mark quasi fliegend zu durchbrechen. Mittlerweile hat sie 48,60 Mark eingenommen, 14 Rentner rangeln an ihrem Tisch, meine Frau serviert Kaffee.
Schreibt Euch das hinter die Löffel, Ihr Schnarchsäcke aus Industrie und Wirtschaft. Der Standort Deutschland ist interessant wie nie, und Rentner sind keine Belastung für unser Sozialsystem, sondern eine ernstzunehmende Zielgruppe. An die Schlafes Brüder aus der Politik appelliere ich: Erhöht die Renten und hebt das Ladenschlußgesetz auf! Alles wird gut werden!

Heiner Link, 12.09.99

Lieber Girgl,
Dir als altem Weßlinger möchte ich mitteilen, daß der Weßlinger Bürgermeister in einem Artikel im *Starnberger Merkur* (04. 09. 99) auf meinen Vorschlag im Affenbuch, er möge doch mal mit mir am Wasserpfeifchen saugen, erklärt hat: »Wenn er kommt, können wir über alles reden.«

Lieber Herr Bürgermeister Mörtl,
mit Ihrem Humor haben Sie mir eine Freude gemacht, glauben Sie mir. Allerdings schrieb ich in meinem Text insbesondere über das kleine Schlößchen am Weßlinger See, das so leer aussieht, und da ich gerade eine Wohnung suche, fände ich es nicht schlecht, wenn Sie mir den Ostflügel anbieten würden. Wie gesagt, Weßling hätte einen Sandflohhändler, und Gilching würde blöd schauen. Ich stehe auch nach wie vor zu meinem Angebot, mich jeden Nachmittag eine halbe Stunde in Hermelin gehüllt auf das kleine

Schloßmäuerchen zu stellen und Tanzschritte einzuüben. Das zöge die Touristen an. Beteiligt am Elektrobootumsatz wäre ich – was sage ich – wären wir auch finanziell aus dem Schneider. Überhaupt, jetzt, wo wir das Ganze pressemäßig so angeschoben haben, wären wir schön blöd, nicht dran zu bleiben. Bedenken Sie bitte die kulturpolitische Dimension. Sie sind ja, wie ich annehme, in der CSU, stellen Sie sich mal vor, wie diese Kaulquappennumerierer schauen, wenn Sie einen Altlinken in das Schloß einquartieren.

Mit freundlichen Grüßen
Ihr Heiner Link

(17.09.99)

Lieber Heiner,
als »Geschäftsführer ohne Auftrag«, wie es juristisch heißt, will ich es übernehmen, Dir anstelle des Wesslinger Bürgermeisters zu antworten. Du wirst das verstehen, wer heutzutage Politik macht, braucht auch Leute, die das eine oder andere für ihn erledigen, das ist ein knüppelharter Knochenjob. Und ich, als quasi gebürtiger Wesslinger (nicht ganz gebürtig: Zur Niederkunft wurde meine Mutter ins Rotkreuzkrankenhaus in München verbracht, aber schon wenige Tage danach schnupperte ich die unvergleichliche Luft der Gemeinde Wessling), trage gewissermaßen die natürliche Berechtigung in mir, das zu tun.
Wie Du richtig vermutest, ist unser Bürgermeister – ich möchte fast sagen naturgemäß – Mitglied der CSU, und wenn ich richtig informiert bin, übt er sein Amt ohne Unterbrechung seit dem Abzug der Schweden im Jahr 1648 ununterbrochen aus.
Wessling ist – seit dem Abzug der Schweden – ein Ort des

Wohlstands und der Künste, deshalb ist unser Bürgermeister den Umgang mit Dichtern gewohnt und hat Dir ja auch das gemeinsame Rauchen einer Wasserpfeife quasi schon zugesagt. Ich weiß, unser Bürgermeister hält seine Versprechen. Wahltaktische Heucheleien, um auch Randgruppen als Wähler zu gewinnen, hat er nicht nötig, Du darfst ihn gerne beim Wort nehmen. Die Telefonnummer der Gemeindeverwaltung ist mir bekannt, ich werde sie Dir durchgeben.
Nur soviel, auch Renoir und Thomas Mann weilten in Wessling, die Mutter des letzteren starb sogar dort, namentlich im »Gasthof zur Post«, was aber, wie man hört, nicht an der Unterbringung gelegen hat.
Dennoch muß ich Dein Anliegen, das Schlößchen betreffend, leider abschlägig verbescheiden, da dieses sich von jeher in Privatbesitz befindet und unser Bürgermeister, selbst wenn er wollte, keinen Zugriff darauf hätte. Auch 1918/1919 hat in Wessling keine Vergesellschaftung des Privateigentums von Adel und Großbürgertum stattgefunden, weil diese Revolution – wie jede andere auch – den Wesslingern erst bekannt geworden ist, als sie längst schon wieder vorbei war. Die S-Bahn-Anbindung an München, die hier einiges verändert hat, kam erst später. Im übrigen bestehen auch Bedenken, was Deine Eignung als Bewohner dieses Schlößchens betrifft. Du hast von Ausflügen über den See mit einem Elektroboot gesprochen. Soweit mir bekannt ist, hat es seit dem Abzug der Schweden niemand mehr gewagt, das Dorfheiligtum, den See, UNSEREN SEE, mit einem wie auch immer motorisierten Gefährt zu entweihen. Auf so eine Idee kann nur ein Gilchinger kommen, oder ein Eichenauer, oder ein Schwede, weswegen man die auch keinesfalls hereinlassen darf. Was ich mir für Dich allenfalls vorstellen könnte, wäre eine Lesung in Wessling. Vorerst

allerdings nur in einem der vorgelagerten, eingemeindeten Ortsteile wie Oberpfaffenhofen oder Hochstadt. Darüber könnten wir vielleicht reden. Vielleicht, sage ich. Sehr, sehr vielleicht.

Georg M. Oswald, 19.09.99

Kann ich also Weßling auch abhaken. Nichts haut hin.

Grade eben schneite mein Sohn hier rein, mit der Bitte, ihm übers Internet ein Buch zu bestellen. Von seinem Lieblingsautor Christian Bieniek, sagt er, und hält mir ein Buch hin. Titel: Oberschnüffler Oswald. »Hallo, ich bins, Oberschnüffler Oswald, der tollste und schlauste Detektiv der Stadt. Und der einzige, der den Bösewichtern auf vier Beinen nachsetzt. Tja, es gab Zeiten, da war Fressen meine Lieblingsbeschäftigung. Aber die sind ein für alle Mal vorbei!« Im Text gehts dann gleich zur Sache: »Dein Scheißköter hat mich gebissen! ›Oswald beißt nicht‹, widerspricht Sven sofort … ›Ach nee! Und woher kommt die Wunde an meinem Bein, du Spinner?‹ – ›Was für eine Wunde?‹ erwidert Sven gelassen. ›Ich sehe nur einen roten Fleck.‹«
Kommt noch besser: »Hey, ich rieche was, was du nicht riechst, und das ist süß. Ich folge diesem Duft – und was entdecke ich hinter einer Bank, auf der zwei Frauen sitzen? Zuckerwatte – geil! Ich bohre meine Schnauze in die Watte und verputze das Zeug im Nu. Anschließend will ich meinen Weg fortsetzen – als die beiden Frauen plötzlich aufspringen, mich entsetzt anstarren und draufloskreischen. ›Das ist der Dackel, der in der Zeitung stand!‹ quiekt die eine und wird leichenblaß. ›Der mit der Tollwut!‹ ›Hilfe! Hilfe!‹ brüllt die andere Frau immer wieder.«
Erschienen in arsEdition, 1997. Weitere Titel: Oberschnüff-

ler Oswald jagt den Weihnachtsmann sowie Oberschnüffler Oswald und die Tütenbande.
Hab ich natürlich heute beides bestellt.

Heiner Link, 20.09.99

Hilfe! Die Supermarktkassiererin redet mit mir. Jetzt hab ich die auch noch am Hals. Erst hat sie mich zwei Mal angeschissen, falsch gewogen (Sellerie) etc., dann hab ich mal gesagt, daß sie das unterlassen soll, weil ich ein Choleriker bin, gelt, damit sie sich gleich auskennt, und jetzt redet die mit mir. Ach, gibts heut Salat? Mit Pilzen? Schneiden Sie die da frisch rein? Schnittlauch auch? Ja, gibts denn sowas? Heut schon wieder. Kann ich nicht haben. Ich will meine Ruhe haben und nicht so seicht von der Seite angequatscht werden. Nächstens fragt die mich, was ich denn so mache, dann gehts richtig ab. Bisher sagte ich meistens Journalist, das klingt nicht so angeberisch wie Schriftsteller (Idee Helmut Krausser), habe aber damit keine guten Erfahrungen gemacht. Lieber Helmut Krausser, wenn Du das zufällig liest, laß Dir von mir auch mal was sagen: Es ist besser, Schriftsteller zu sagen. Was folgt, ist die üblich blöde Frage: Was schreiben Sie denn so? Und damit ist das Problem schon gelöst. Man muß nur antworten: Vornehmlich Essays zur Kritikfiktion, die Einbildungskraft als Plagiarismus, aber auch … hier wird man dann meist schon unterbrochen und fortan nie mehr belästigt.
»Na, hast du auch nicht an den Baum gepinkelt?« fragt Timo. »Das würde Oswald niemals tun«, behauptet Timos Frauchen. »Er ist doch stubenrein.«
Aber nicht an Weihnachtstagen.

Heiner Link, 23.09.99

Mein Gott, gehe ich einmal nüchtern ins Bett, kommen gleich die Alpträume. Dafür war ich dann heut früh um 7 Uhr hellwach. Was das ausmacht! Ich meine, toll! Und dann durfte ich um halbacht im Frühstücksraum dem ersten Pullunderträger einen Guten Morgen wünschen, die BILD am Sonntag von vor 3 Wochen lesen und lapprigen Orangensaft trinken. Gleich wieder rauf aufs Zimmer ohne Pay-TV, nur eine italienische Formel-1-Pilotin auf DSF, nein, sie weint nicht, wenn Ferarri nicht gewinnt, sehr schön, ich auch nicht. Dann noch mal eingenickt, um 9 aufgewacht, im Bad rumgepritschelt, alles zusammengeräumt, noch schnell eine geraucht, von der Putzfrau erwischt (Nichtraucherzimmer – muß i machn Meldung).
Auf der Autobahn dann natürlich alles mit 200, hinten drin Wein für 1200 Mark, da hats geklimpert, einen Porsche 15 Minuten lang behindert (mutwillig), anschließend zwei Wohnmobile hinausgeschnitten, die mich (mutwillig) behindern wollten. Rasthof Sowieso, da bin ich, glaub ich, mit 160 rein, grad gepfiffen und gezischt hats, getankt, ein Kaffee, etwas heiß, nachen nie 8 nark.
Ich denke, ich beschließe den Tag mit etwas Wein.

Heiner Link, 26.09.99

Was ist denn jetzt schon wieder los? Heute morgen totaler Stromausfall im ganzen Haus, und seit 14.00 Uhr komm ich nicht mehr ins Netz. Winsock-Fehler? Anruf bei Compuserve, nix Winsock, es ist der Münchener Einwahlknoten. Bei dingenden E-Mails soll ich mich über Nürnberg einwählen. Nix da. Mir reichts jetzt.

Lustig die Kommentare der Prominenz im SPIEGEL SPEZIAL zum Thema »Literatur und Internet«:

Norman Ohler: Es wäre zum Beispiel möglich, einen Roman ins Netz zu rufen, an dem mehrere Leute arbeiten.
Sten Nadolny: Für die deutsche Sprache sehe ich keine großen Gefahren durch das Netz.
Walter Kempowski: Buch bleibt Buch, und Internet ist Internet.
Uta Danella: Ich weiß nicht, ob ein Internet-Mensch überhaupt noch Briefe schreiben kann.
Zoe Jenny: Die meisten Texte sind, der Schnelligkeit des Mediums entsprechend, unsorgfältig und geschwätzig.
Johannes Mario Simmel: Ich hasse das Internet. Wozu, verflucht, soll das Internet gut sein?
Jens Sparschuh: Ich habe schon mal einen Text im Internet veröffentlicht. Aber ich müßte lügen, wenn ich behaupten würde, daß mich das sonderlich glücklich gemacht hätte.
Ingrid Noll: So tückisch, wie befürchtet, ist der Zugang nicht.

Heiner Link, 30.09.99

Ich habe mich im Internet verausgabt, für eine Weile. Immer, wenn ich mich hineinbegebe, sprechen Stimmen zu mir, vermutlich sind es höhere Wesen: »Nicht ins Internet hineinschreiben – Roman fertigmachen.« Dann gehe ich wieder offline und tue, was mir gesagt worden ist. Morgen fliege ich nach Berlin und lese mit Bret Easton Ellis im Literarischen Colloquium. Das erinnert mich an die Doppelseite in der BRAVO, früher, die »Triff Deinen Star« hieß. Ein unvergeßlicher Tag mit Roy Black. Wir trafen uns in seinem Studio, und er zeigte mir seine goldenen Schallplatten. Das war toll. Dann lud er mich in die Eisdiele ein, auf einen Jumbobecher, und legte seinen Arm um mich. Roy ist soo süß. Ich werde berichten.

Georg M. Oswald, 07.10.99

Den ARTE-Scheiß kann ich mir schon gar nicht mehr anschaun, dann lieber RTL oder eben Internet.
Lesung auf Burg Ranis (Thüringen) hinter mir, Museumssaal, der Bürgermeister anmoderierte höchstselbst, 40 Leute, bürgerliches Mittelalter, teilweise verstört vom Dargebotenen, nur der Buchhändler in der ersten Reihe kam aus dem Lachen nicht mehr raus. Doch, war ganz nett, so ne richtig rustikale Ritterburg, das hat man auch nicht oft. Schon lustig, wo man überall hinkommt. Dann war auch das erste Mal im Verlag, im schönen Reclam-Haus, hatte ein angenehmes Mittagessen mit meinem Lektor im schönen Leipziger Bahnhof. Und das alles ohne Notebook und Internetzugang. Tja.

Heiner Link, 08.10.99

Diskussion über Elke Naters Beine im Pool. Über blickdichte Strümpfe. Sehr prollig.
Wir sprachen auf der Messe über Autorennamen. Denis Scheck sagte, er hätte von einem Autor namens Gunter Gross gehört, der im Frühjahr debütieren würde. Gunter Gross. Heiner Link, so hieß es abschließend, wäre auf jeden Fall ein guter Name, marketing-mäßig. Na, da bin ich ja beruhigt.
Liebe Leute von der WELT: Dankeschön für die Einladung, 'tschuldigung: »persönliche Einladung« zum WELT-Literaturpreis am 9.11. Kann nicht kommen, weil ich in München lese, ich kann mir auch die 320 Mark im Grand Hyatt Berlin nicht leisten, vom Flug ganz zu schweigen. Nicht böse sein, ihr werdet es auch ohne mich hinkriegen. Ach so, ja, lieber Herr Krekeler, ich habe versucht, zu Ihnen vorzudringen, aber eine nicht unattraktive Dame am Tresen ließ mich nicht. Herr Krekeler speist gerade, hieß es. Ich habe mir dann einen Hot Dog reingepfiffen, und samstags waren Sie schon abgereist. Sorry.

Heiner Link, 19.10.99

So. Nachdem sich Kollege Oswald derzeit im Endstadium mit seinem neuen Roman befindet, liegt es an mir, die treuen Fans dieses Forums zu unterhalten. Deshalb hier ein kleiner Text:

VOODOO

Mein neues Rasierwasser heißt VOODOO. Man hat es mir geschenkt. Nun wäre das keiner besonderen Erwähnung wert, hätte sich nicht kürzlich folgendes zugetragen: Ich stand in unserem Wintergarten und gab Jenkins, dem Obergärtner, der im Begriff war, sich zu einer Bemerkung hinreißen zu lassen, Anweisung, die Hecken antizyklisch zu stutzen. Dann ließ ich mir einen Scotch mit Soda bringen. Sei kein Narr, sagte ich mir, es wird schon nicht wieder eine Leiche in der Bibliothek liegen. Einmal wird es ein Ende nehmen – mit den Kriminalgeschichten. Insofern begab ich mich also in die Bibliothek, und zwar mit einer Behendigkeit, die mein fortgeschrittenes Alter Lügen strafte. Die Ölgemälde schimmerten im flackernden Licht meiner Handlaterne. Lady Landslock, die mich offenbar erwartete, erhob sich aus dem Plüschsessel, wobei der geschlitzte Rock einen Oberschenkel von makelloser Schönheit preisgab. Sir Henry, sagte sie, endlich! Sie trat sofort sehr nah an mich heran, was zur Folge hatte, daß der Scotch mit Soda über das obere Ende des Glases hinweg den Weg auf ihre Bluse suchte. Die Benetzte sah sich nun gezwungen, das feuchte Kleidungsstück abzulegen, auch den seidenen Büstenhalter. Es ist nicht mehr rekonstruierbar, ob auch der Rock befeuchtet wurde, jedenfalls entledigte sich Lady Landslock auch dieses, wobei sie fortwährend vom Drama als klassisches literarisches Muster sprach. Obschon der Oktober sich dem November neigte, trug sie kein Höschen und nahm schließlich auf dem Schreibtisch aus Wurzelholz Platz, wobei sie die Beine von ihrem Körper entfernte, soweit es die Natur zuließ. Ich konnte nicht umhin, dies als eine Aufforderung zu interpretieren, entfernte ebenfalls Kleidungsstücke, aber nicht mein Sakko, das ich mir in Schottland maßschneidern ließ. Nun war es an mir, Lady Landslock entgegen zu kommen. Ich konnte feststellen, daß eine Vereinigung sowohl von der Höhe des Tisches als auch von der Beschaffenheit ihrer Körperöffnung her völlig unproblematisch durchführbar war. Lady Landslock sprach nun vom absurden Theater, wobei sie ihre Stimme hob und auch etwas schneller in ihren Ausführungen wurde. Ich wurde sehr rhythmisch, mußte aber schon bald zur Kenntnis nehmen, daß Lady Landslock im Zuge einiger Verrenkungen die englische Bridgelampe, die ich für 8600 Pfund ersteigert hatte, vom Tisch fegte. Es war mir allerdings nicht möglich, dies zeitnah zu bedauern, da Lady Landslock nahezu besorgniserregend zu zucken begann und auch einen spitzen Schrei ausstieß, worauf mich etwas Flüssigkeit verließ. Lady Landslock erschlaffte nun ebenfalls. Schließlich richtete sie sich auf, um sich mit einem Blick auf die in mehrere Teile zerfallene Bridgelampe zu entschuldigen, es täte ihr leid, bemerkte sie, sie wisse auch nicht, was in sie gefahren sei. VOODOO, sagte ich, mein neues Rasierwasser.

Heiner Link, 24.10.99

Danke, danke, Sie beschämen mich ja. Mein Gott, all die *Zustimmung* und Verehrung, wenn ich nicht einen so makellosen Charakter hätte, ich liefe Gefahr, aber nein.
Den Kollegen Oswald sehe ich gar nicht mehr. Wie ich hörte, verspeiste er gestern mittag mit Norbert Niemann eine Gulaschsuppe. Mit letzterem war wiederum ich gestern abend beim Tanzen. Na ja, ich stand eigentlich mehr und sah Niemann (in Adidas) Verrenkungen vornehmen, die mich

irgendwie an was Sexuelles erinnerten. Ich nippte an meinem Whisky, genoß meinen Berufserfolg, und Niemann fegte durchs Atomic-Café wie ein Schamane auf der Flucht. Sehr bizarr. Ich habe zuletzt mit Dagmar Leupold getanzt, so einen Altherrenschieber, wirklich angenehm. Ich hoffe, ich habe ihr nichts Unanständiges ins Ohr geflüstert. Ich neige dazu. Was wollt ich denn eigentlich, ach so ja:

Montag, 15.11.99, Andrea Brown präsentiert und kocht live aus ihrem Buch »DER QUICKIE IN DER WOCHE«, Café Muffathalle, München

Ich finde, da muß man hingehen.

Heiner Link, 28.10.99

Ein schöner Herbsttag kann mich auch nicht vom Schreibtisch locken. Ich habe ein altes Micky-Maus-Heft gefunden, 27. Februar 1960, mein Geburtsmonat. Ich habe auch viel zu tun, aber ich habe keine Lust. Das soll ruhig auch mal so dastehen. Ich überlege viel, aber das sieht man ja nicht. Heute also dieses Micky-Maus-Heft gelesen, dann 50 Seiten im Briefwechsel Johnson/Unseld, eine E-Mail an einen Kollegen geschrieben, und ich hoffe, ich werde nachher noch mit dem Goetz-Artikel anfangen. Es ist Sonntag, ziemlich genau 16.30 Uhr, und es ist ganz ruhig draußen.

Heiner Link, 31.10.99

Der »Goetz-Artikel« ist fertig, sonst ist nicht viel passiert, soviel rückblickend und erschreckend – ich bin offensichtlich ein fauler Hund. Kunst braucht Muße, ja freilich. Das ist das Schöne am Künstlerdasein. Heute mit den Kindern im Deutschen Museum gewesen, da steht so ein Simulationsding davor, so eine Kabine, die hydraulisch verrenkt wird, was von außen komisch aussieht, neigt und windet sich so pffft tschhhht pffft. Dann aber drin. Eine Horrorfahrt. Wirklich interessant. »Cool«, meinte mein Sohn andauernd, während mir die Schweißperlen auf der Stirn standen. Wirklich.

Heiner Link, 03.11.99

Da isser wieder! Lieber Heiner, ich habe meinen neuen Roman fertiggeschrieben. Gerade im Moment sozusagen. Und das bedeutet: Jetzt gehts hier auch wieder weiter. Die letzten vier Tage mußte ich ja eigentlich nur noch 6 ½ ohnehin schon recht genau skizzierte Seiten schreiben. Aber ich habe mich lange nicht getraut. Schlichtweg nicht getraut. Aber jetzt ist alles gut, und es kann weitergehen.

Georg M. Oswald, 08.11.99

Gratuliere, Du Glücklicher; (jetzt mach ich mal ein Semikolon; mein Lektor wunderte sich nämlich (darüber)), daß ich keine Semikolons ((Semikoli?)) verwende. Da hab ich auch kurz drüber nachgedacht, aber das nur am Rande, am Rand) haben wir Dich endlich wieder an Bord.

Mensch, Girgl, ich hatte erstmals Kopfweh, und ich bin sicher, daß es nur daran lag, daß Du auf Deinem Balkon mit mir immer gleich zwei Zigaretten hintereinander rauchen wolltest. Soviel Lust am Untergang ist die beste Voraussetzung!!!
In diesem Sinn, und für Dich und Dein neues Buch rauch ich jetzt drei Zigaretten hintereinander.

Heiner Link, 09.11.99

Magdeburg, 11.11.99. 18.15 Uhr. Lieber Girgl, auch an Dich ein kleiner Livebericht. Ich hatte bei meinem nachmittägli-

chen Nickerchen grad eben einen Alptraum. War in einer Küche eingesperrt, und es hämmerte dauernd gegen die Tür. Liegt vielleicht auch daran, daß ich hier nur Leitungswasser zu trinken habe (keine Minibar). Jedenfalls hab ich gestern im Verlag erfahren, daß ich am 7. Mai 2000 als Beiträger für die deutsche Gegenwartsliteratur zum »Salon International du Livre et de la Presse à Genève« (Messeschwerpunkt Deutschland) eingeladen bin.
Internationaler Erfolg, was!
Tja, DamenundHerren, Link bricht durch. Hoffentlich nicht in der Mitte.

Heiner Link, 12.11.99

Lieber Girgl, ich muß Dir jetzt wirklich übers Internet schreiben, da mich CompuServe kommunikationstechnisch lahmlegt. Hat Du mir jetzt oswald.19.doc noch mal geschickt oder nicht? Ich kriegs nicht auf. (Stand 20.50 Uhr)
Nix funktioniert. Als ich z. B. am Mittwoch früh nach meiner Lesung in Zürich aufgewacht bin und es heftig schneite, dachte ich mir, da schau her, war doch gut, daß du nicht mit dem Auto angereist bist, sondern mit der Bahn. Von wegen. In Bregenz war Sense. Alles gesperrt, alles raus aus dem Zug, alles rein in Busse, damit dann nach Lindau, von da aus mit dem Interregio durchs Allgäu gezuckelt, zwei Mal umsteigen, zu Hause war ich dann um halb 5 (in Zürich um Viertel nach 8 aus dem Hotel). Scheiße.
Schön war allerdings die Lesung in Zürich und der Artikel in der FAZ über den Bayernkurier, den ich auf der Fahrt dahin las. Wirklich ein Zuckerl.
FAZ, nicht übel.

Heiner Link, 18.11.99

Ach, dieser ganze Technik-Schweinekram macht mich aggressiv. Draußen liegt der Schnee so herrlich, und drinnen wurmt die Unzuverlässigkeit menschlicher Intelligenz. Und trotzdem sitze ich hier und singe hinaus ins Virtuelle.

Fliegen kann ich, einen Platz zum Singen bräucht ich, hat Achternbusch mal geschrieben.

Die ganze Ungewißheit im Nacken, die Kreditverträge, und was sich sonst noch so anpirscht und einem das Gefühl gibt, daß es irgendwann mal schnackeln wird. Wieso keimt das auch noch auf?

Eine schnelle und geschickte und gewaltsame Drehung des Kopfes führt zu diesem Geräusch, das man mit »schnackeln« ganz gut beschreiben kann. Es brechen die Wirbel, und dann laufen vermutlich noch ein paar Träume ab, in Sekundenschnelle läuft der Film des Lebens ab, und man überlegt wahrscheinlich sogar noch, ob man eine saubere Unterhose an hat, denn alles andere wäre ja peinlich.

Aber wir singen noch!

Heiner Link, 19.11.99

Heute in der Früh mit dem Auto Simon zum Kindergarten gebracht. Am Kindergarten angekommen, festgestellt, daß ich das Pausebrot für ihn zu Hause vergessen habe. Frage ihn, ob ich ihn vielleicht schon mal im Kindergarten abliefern und ihm das Pausebrot dann hinterherbringen kann? Abgelehnt. Also wieder zu zweit nach Hause, Pausebrot holen, dann wieder zum Kindergarten. Vor dem Kindergarten, Streifenpolizeieinsatzfahrzeug, rote Kelle, anhalten. Ein Bodybuildingblondgefärbter-Stiftenkopf, Modell »Van Damme von Sendling«, steigt aus und spricht mich in mühsamem Hochdeutsch hölzern an: »Es ist Ihnen bekannt, warum wir Sie angehalten haben.« Fahrzeugpapiere nicht dabei, Straßenmarkierung nicht beachtet, »sind Sie mit einer Verwarnung von zwanzig Mark einverstanden?« »Ehrlich? Zwanzig Mark? Danke, ist ja toll!« »Die Verwarnung könnte auch höher ausfallen.« »Schon recht.« Van Damme steigt in sein Streifenpolizeieinsatzfahrzeug und beginnt, einen Strafzettel auszufüllen. Nach einer Minute etwa steigt er wieder aus und sieht nach dem Nummernschild. Dann dauert es noch mal etwa fünf Minuten, bis er fertig geschrieben hat. Simon erklärt unterdessen, er wolle auch mal Polizist werden, der Polizist sei nett, nicht wahr, der Polizist ist nett? Ja, antworte ich, der Polizist ist nett. Schließlich kommt er wieder und überreicht mir das Ergebnis seiner Bemühungen. Einen mit Erstkläßlerschrift ausgefüllten Strafzettel. Als Ordnungswidrigkeit ist angegeben: »Nicht den vor geschriebenen Fahrtrichtungen gefahrt Z 214-20.« Aha. Dann mit Simon in den Kindergarten.

Georg M. Oswald
(aus technischen Gründen
mit zwei Tagen Verspätung)
20.11.99

Ja, das kenn ich gut, die Angst vor diesem Schnackeln. Aber es wird nie kommen. Statt dessen: langsamer, unmerklicher, aber in der Rückschau eindeutig zu konstatierender Verfall. Die Katastrophe ist, daß die Katastrophe ausbleibt, wir sie aber ein Leben lang fürchten. Die Katastrophe wäre ja auch eine Befreiung, will sagen: Du würdest in diesem letzten Moment, wo der Film abläuft, sorgenvoll an Deine Unterhose denken und schon im nächsten Augenblick: scheißegal!

Während ich das schreibe, kugelt sich meine Frau auf dem Wohnzimmersofa und liest mir Sex-Anzeigen aus der TZ vor: »Zwei lesbische Schwestern vernaschen ihn und sich selbst. Tel. 3113095.«

Georg M. Oswald, 20.11.99

Lieber Girgl, Zeit wirds, daß Du wieder öfter auftauchst, wir haben nämlich eine sehr treue und weltweite Leserschaft:
Zugriffstatistik November
1515 Deutschland
1006 Netzwerke
945 unbekannte Rechner
369 Firmen (wir schädigen die Wirtschaft)
134 Österreich
70 Schweiz
10 Japan
8 Dänemark
2 Kokos-Inseln
1 England

DamenundHerren, bleiben Sie uns treu und kaufen Sie unsere *Bücher*. Liebe Freunde von den Kokos-Inseln, hier schneits fürchterlich. Ach so, ja, 1 England, das bist sicher Du, lieber Norbert. Das muß besser werden, mein Freund. Bißl Werbung, bitteschön. 1 England, das ist doch kein Zustand!

Heiner Link, 23.11.99

Kleines Zuckerl zwischendurch:
»Aus Fehlern lernt man, aber ich habe nie Fehler g'macht. Vielleicht war das mein Fehler …« Von Helmut Qualtinger.

Heiner Link, 23.11.99

Telefonat mit Heiner:
ich: »Weißt du eigentlich, wo die Kokos-Inseln liegen?«
er: »Gibts die überhaupt?«
ich: »Die liegen zwischen den Galapagos-Inseln und Panama und sind verflucht klein. Wer uns da wohl liest?«
er: »Das sind bestimmt Germanisten. Oder vielleicht gibts da ein Goethe-Institut.«
ich: »Ach was, da gibts ja noch nicht mal Einwohner!«
er: »Aber Germanisten. Zwei.«
ich: »Wahrscheinlich, du hast recht.«
er: »Vielleicht können die unsere Bücher bestellen?«
ich: »Falls amazon da hinliefert, sind wir da in nullkommanix die meistgelesenen Autoren.«
Liebe Leser von den Kokos-Inseln, bitte schickt uns eine *Mail*. Und hier könnt ihr unsere *Bücher* bestellen.

Georg M. Oswald, 24.11.99

Lieber Girgl, wir sind dabei, es uns mit den Lesern auf den Kokos-Inseln zu verscherzen. Ist Dir das klar? Ich möchte eigentlich nur fragen: Wie ist das Wetter bei Euch? Schneien wirds ja nicht. Ich habe heute schon mehrmals Schnee geräumt, wobei ich einen Tirolerhut auf hatte. Muß ziemlich idiotisch ausgesehen haben. Ich habe dabei geraucht und hatte auch meine Lesebrille auf. Ist das nicht komplett deppert?

Heiner Link, 24.11.99

Tirolerhut, lieber Heiner, da sind wir natürlich an einem ganz zentralen und nicht minder geheimnisvollen Punkt angelangt. Ich habe meine ganze Kindheit und Jugend hindurch nie begriffen, warum die einheimischen Männer in meinem Dorf zur Verrichtung körperlicher Arbeiten einen solchen Hut aufgesetzt haben. Alle haben nämlich immer einen Hut aufgehabt, sobald sie mit der Arbeit angefangen haben, selbst wenn sie sonst überhaupt keine Hutträger gewesen sind. Und es war immer das gleiche Hutmodell, der sogenannte »Trenker-Hut« eben, aus grauem Filz mit schwarzen Tupfen darin. Der Paulsepp etwa, ein in meinem Dorf weltberühmter Schreiner, der jetzt auch schon lange tot ist, war ohne seinen Trenker-Hut schlechterdings nicht denkbar. Wozu braucht man so einen Hut bei der Arbeit? Ich habe es nie herausbekommen.

Der Paulsepp, ja, ja, das war schon einer. Da sah ich ihm, als ich vielleicht zehn oder elf war, dabei zu, wie er, auf einer Leiter stehend, über sich ein Brett festnagelte, und weil es anstrengend war, ächzte er: »Überm Kopf nogln und im Steh vegln, Bua, da hoit de da Deife.« Ich habe damals nicht verstanden, was der Mann gemeint hat, bewundere rückblikkend aber seinen pädagogischen Schwung.

Georg M. Oswald, 27.11.99

Lieber Girgl, ich frage mich, ob unsere Freunde von den Kokos-Inseln unsere kleinen Dialekt-Einlagen verstehen. Nichtsdestotrotz kenne ich aber genau denselben Spruch vom Steininger Sepp, einem Zimmerer, der viel im elterlichen Haus gemacht hat. Es scheint wirklich, was heißt es scheint, wir sind de facto mindestens ähnlich prolettig aufgewachsen. Der Steininger Sepp hat übrigens schon seit 10 Jahren nichts mehr gegessen, ernährt sich nur noch von Bier und Zigaretten. Irgendwie beruhigend, daß das so lang geht.
PS: Ach so ja, den Tirolerhut hatte ich auf, weil es schneite.

Als ob das Dahinrauschen der Zeit irgendwie bedauernswert wäre. Ja freilich nicht. Aber gut. Lieber Girgl, wir haben jetzt auch 2 Anfragen aus den USA (Schulen/Universitäten, hieß es) sowie ebenfalls 2 aus Norwegen. Ich frage mich ernsthaft, warum Australien nicht mitzieht. Und Elke Naters und Sven Lager könnten ruhig mal von Thailand aus zugreifen, um die Statistik zu schönen. Tja, liebe Elke, lieber Sven, hier knirscht der Schnee herrlich, und wir saufen Glühwein auf den Christkindlmärkten. Das dürfte euch abgehen. Außerdem schau ich grad live Bayern München gegen Waldhof Mannheim und bin natürlich ganz für Mannheim, wo ich einmal eine sehr schöne Lesung hatte. Es steht aber leider 1:0 für Bayern. Sergio vergibt grad eine 100%ige Chance, sechsundsiebzigste Spielminute. Und jetzt das 2:0, Zickler, da langts mir schon wieder. Und dann auch noch Elfer für Bayern, 3:0, gute Nacht!

Heiner Link, 01.12.99

Ständig nötigt man mir irgendwelche Bücher auf, das ist mir heute aufgefallen. Das mußt Du unbedingt lesen ..., wenn Dir das nicht gefällt, freß ich einen Besen, und so weiter und so fort. Müßte doch mittlerweile hinlänglich bekannt sein, daß mir sowieso kaum was gefällt. Ich weiß nicht, wies Dir geht, Girgl, aber ich habe einfach nicht die Nerven für ein Buch, das (zum Beispiel) »den Geist und die Grandezza des österreichisch-ungarischen Reiches atmet«. Da krieg ich schon vom Klappentext Zustände. (Sorry, lieber Thomas, ich werds trotzdem versuchen.) O Gott, der schenkt mir jetzt auch kein Buch mehr. Aber ich liebe nun mal Bücher, die den Geist und die Grandezza einer gesunden Abneigung gegen herrschende Zustände (68er-Vokabular, ich weiß) atmen. Böse Bücher, wo einem die Hammelbeine langgezogen werden. Sonst greif ich lieber zur *Neuen Post*, oder wie die heißt, oder nehm mir so ein kleines, dreckiges Sexblättchen, in dem man immer etwas über Kampfhunde und Megaorgasmen lesen kann.

Heiner Link, 03.12.99

Ach so, ja: Das Tolle dran ist, daß man sich nicht wirklich auskennt. Das ist das wirklich Tolle dran. Ja.

Heiner Link, 05.12.99

Ach so, ja: Heut abend wurde mir mitgeteilt, daß man dies Unterfangen hier für völlig unmöglich hält. Das alles würde auch niemanden interessieren. Und man möge nicht in meiner Haut stecken, in zwanzig Jahren, wenn mir das schließlich und endlich jemand um die Ohren hauen wird.
Ich denke, daß ich in zwanzig Jahren – wenn ich dann überhaupt noch lächelnd auf etwas zurückblicken kann – lächelnd auf dies zurückblicke.
Alles andere hielte ich – vom heutigen Standpunkt aus gesehen (natürlich) – für ziemlich enttäuschend.
Denn in zwanzig Jahren bin ich 59, und da gibts dann nur noch 2 Möglichkeiten, entweder trachte ich danach, eine mindestens zwanzig Jahre jüngere Frau noch regelmäßig begatten zu können und bei einem schönen trockenen Weißwein nicht an der Säure zu verzweifeln, was immerhin eine nicht uncharmante Beflissenheit in sich trüge, oder aber … nun ja.
Ach, ist das banal.

das reck

aufschwung aufs reck des besseren ich.
man hält es nicht lang oben aus.
die arme sind zu schwach.
auch lockt das grasige flußufer.

dort kichern im gehen die schuhe.
dort sitzt es sich gut.
dort zieht der fluß; so zieht alles.
auch zum reck zieht es wieder zurück.
ERNST JANDL

Gedichte, ja, die sollte ich mit 59 schreiben. Mach ich aber auch wahrscheinlich vorher schon.

Heiner Link, 06.12.99

Fakt ist allerdings, daß wir eine käufliche Politik haben.

Die Banalität des Prolligen.

Heiner Link, 08.12.99

Ich muß ja jetzt immer dran denken, ob das, was ich hier schreibe, auch in 20 Jahren noch Gültigkeit hat, ob die Japaner und die Kokos-Indianer zufrieden sind und was Mutti dazu sagen wird. Hach. Dabei ist es doch schön, wenn auch mal etwas einfach so dahinrauscht. Besoffen sank ich in den Schnee und dachte mir: Schön kühl ists hier. Hier bleib ich liegen, bis die CDU wieder an der Macht ist. Zwei Kinder haben und nur eine Frau, ist auch ein Problem. Aber Karl Linde baute ja schon 1874 in München den ersten Kühlschrank der Welt. Wir in Bayern. 1882, und Oskar von Miller entwickelt die erste Stromleitung, Strom strömte von München bis Miesbach. Die erste elektrische Straßenbeleuchtung? Auch in München, natürlich. 4 Jahre vorher schon wurde die erste elektrische Innenbeleuchtung in Schloß Linderhof eingebaut. Ludwig der Zweite fuhr mit seinem Schlitten auch das erste elektrisch beleuchtete Fahrzeug der Welt. Das, meine DamenundHerren, sind wenigstens Infor-

mationen, die noch mindestens zwanzig Jahre halten, das dürfen Sie mir ruhig glauben. Schon 17 Anfragen aus Österreich im Dezember! Liebe Österreicher, ich grüße Euch.
So. Jedenfalls dachte ich mir, damit das hier noch mehr Sinn macht, stelle ich in unregelmäßigen Abständen immer mal wieder ein Gedicht vor.

Kalte Rüche *(nach Kurt Bartsch)*
was sitz' ich hier
und gräme mich –

gelingt mir doch
kaum ein gedicht:

das eine klingt nach Thomas Brasch
das andre nach Karl Mickel…

(mal reimt's sich
und mal nicht) –

wieso denn nicht statt dessen
mal »kalte Reste« fressen?

warum noch nach utopia fliehn? –
ich mach in zukunft parodien!
FRANK-WOLF MATTHIES

Heiner Link, 09.12.99

War gestern mal wieder im Hugendubel, die haben für Weihnachten alles umgeräumt, es steht jetzt nur noch Schrott rum. Auch gut. Es gibt ja schließlich die Amalienbuchhandlung. Und amazon.de. Habe mir dann in der Pasinger

Bahnhofsbuchhandlung »BATMAN, Das Beste aus den 60er Jahren« gekauft. Was für Erinnerungen! »Die rätsellosen Raubzüge des RIDDLERS« ... Das Verbrechen ist der Lebensinhalt dieses kriminellen Knoblers ... jedes Mal, wenn er einen neuen Überfall plant, treibt ihn ein innerer Zwang, BATMAN und ROBIN seine Pläne als Rätsel mitzuteilen ... Im Prinzip war das das erste, was ich gelesen habe.

Heiner Link, 12.12.99

SERVICE

Am 31.12. ist Wüstenrot-Tag!

www.wuestenrot.de

Heiner Link, 15.12.99

Heute hat mir Aglaja Veteranyi, eine Schweizer Kollegin, eine Karte geschrieben, sie hätte sich so lange nicht mehr gemeldet (2 Jahre), weil sie ein schlechtes Gewissen habe, sie hätte mein erstes Buch noch nicht gelesen. Liebe Aglaja, denk dir nix, da müßten viele ein schlechtes Gewissen haben. Lies das zweite, das ist dünner.
Habe, hätte, habe – Scheiß Grammatik.

Die Firma
Er betrog sie immer am Dienstag. Sie ihn am Donnerstag.
An einem Samstag bat er sie, misch mir Reißnägel in den Reis.
Sie kochte scharf. Zündete eine blaue Kerze an. Legte Tango auf.

Sie umarmten sich. Besinnungslos.
Dann kam das Blut.
In seinem Mund.
Aus seinem Darm.
Sie hatte ihn selten so erotisch gefunden.
Am Sonntag bat sie ihn, schlag mich.
Er schlug sie mit dem Gürtel ins Gesicht. Riß ihr mit der Zange einen Finger ab.
Punkt 10 löschten sie das Licht.
Am Montag mußten beide früh aus dem Bett.
AGLAJA VETERANYI.

Heiner Link, 16.12.99

Schwer, sich zu konzentrieren, in diesen Zeiten. Erschwerend Radiomusik. Also lege ich Camille Saint-Saëns auf, Symphonie Nr. 3 c-Moll op. 78, zum hundersten Mal. Da gehts zu wie in meinem Hirn. Telefonat mit Norbert Nieman über Resonanzen von außen. Das wäre alles keine Literatur, würde uns vom Schreiben abhalten. Man müsse aufpassen usw. Mir wird keiner eine Blechtrommel um den Hals hängen.

Olm

Ich bin ein Olm von Laibach
Mein Vater war ein Olm von Laibach
Ohne Verwandte unter den Bekannten
Waren keine Musikanten

Die uns erkannten nannten
Uns Olme von Laibach
Wir spielten nie Schach
HERBERT ACHTERNBUSCH

»Schneuztücher und Schreibpapier habe ich im gleichen Schubladen, verwechsle sie aber noch nicht.« Es blüht keine Lilie auf meinem Tisch, und heute schmerzt nicht mal mein Magen. München ist heute weiß, liegt also 800 Meter hoch, da es laut Radio ab 800 Meter schneit. »Heilig! Heilig! Heilig! Die Welt ist heilig! Die Seele ist heilig! Die Haut ist heilig! Die Nase ist heilig! Zunge und Schwanz und Hand und Arschloch heilig!« (Allen Ginsberg) Allen Ginsberg ist natürlich auch heilig. Heilig auch das Stöhnen einer Trompete. Ihr seid alle heilig, und morgen werden euch Flügel wachsen. Oder auch nicht. Bis morgen dann.

Heiner Link, 19.12.99

Lieber Norbert,

Hast Du schon mal auf meine Statistik-Seite geschaut? 2 Anfragen von US-Behörden. CIA! Hundertprozentig. Das haben wir nur Deinem Politikverständnis zu verdanken. Die wissen wahrscheinlich schon längst alles. Daß Du jahrelang die TAZ abonniert hast. Daß ich zu Suhrkamp will. Und so weiter. Ist doch klar, die Absatzzahlen von Coca-Cola sind rückläufig, man sagt wieder JA zu deutschem Wasser, ist doch logisch, daß die was machen müssen. Ich lümmle hier so vor mich hin, zufrieden mit den katastrophalen Zahlen, und nur wegen Dir werde ich wieder mal in so eine Schweinebucht, ich meine Schweinerei hineingezogen. Ich fordere Dich auf, gleich alles zuzugeben, Deinen Erfolg, die Preise und Schmiergelder, Deine sexuellen Affären und so weiter, sofort alles offenlegen, am besten zeigst Du Dich selbst an, das ist steuerlich am günstigsten.

DamenundHerren von der CIA. Von mir ist nichts zu befürchten. Schaun S', ich habe ja noch nicht mal den Bayerischen Staatsförderpreis. Keine Übersetzungen, keine Taschenbuchrechte verkauft, nix. Ich habe drei Leser, und die wählen seit 1946 CDU. Ich selber bin aus der Kirche ausgetreten, habe dies aber nie öffentlich bekannt gemacht. Günter Grass kenne ich nicht persönlich. Peter Handke habe ich zwar einmal öffentlich gelobt, aber das war ein Versehen. Ich versichere, daß ich den Angeklagten Norbert Niemann nicht von Kindesbeinen an kenne, von mir aus unterschreibe ich da auch was. Ich bin nie wesentlich über das westliche Oberbayern hinausgekommen und sexuell praktisch nicht mehr aktiv. Mein Hobby ist die Tomatenzucht (kann derzeit aus klimatischen Gründen nicht betrieben werden) sowie das bayerische Bauerntheater. Schach kann ich nicht. Auch nicht Schach matt. Ich bin oder war Mitglied in folgenden Vereinen:

DKP (Eingetreten 1989, ausgetreten 1999 zum 10-Jahr-Jubiläum)
Singmusi Allach-Eichenau (Eingetreten 1998, ausgeschlossen am Tag danach)
VdK Bayern (Verband der Kriegs- und Wehrdienstopfer, Behinderten und Rentner Deutschlands)
Deutsche Telekom
ISAR-Amperwerke
Junge Union, Ortsverband Eichenau
Bertelsmann Buchclub
VDFF (Verband Deutscher Fliegenfischer)
Halma 2000 (Verein zur Förderung des Halma-Spieles)
VS Bayern (Verein Scheidungswilliger)
IGTS (Interessengemeinschaft der Tempo-30-Sünder)
Stopselclub Eichenau
AOK Fürstenfeldbruck

Ich nehme aktiv an der Mülltrennung teil und rauche Marlboro. Es ist wirklich nicht nötig, daß Sie mich observieren.
Mit freundlichen Grüßen

Heiner Link, 22.12.99

Lieber Girgl, Dich muß ich auch gleich vorwarnen: Wir werden beschattet. CIA. Wirf mal nen Blick auf die Statistikseite. Norbert habe ich drüben schon zusammengeschissen, weil er uns das natürlich eingebrockt hat, mit seinen altlinken Parolen. Ich hab ihm angeraten, jetzt sofort alles offenzulegen. Das mit dem Schwarzgeld und die ganzen Sexgeschichten und so weiter. Ich selber habe mich auch gleich ganz gläsern gemacht, wegen der Glaubwürdigkeit und dem Finanzamt. Jetzt warte ich bloß noch auf die B-Probe. Bißl blöd ist, daß beim Umzug damals so viele Akten verlorengingen. Das ganze Entlastungsmaterial, 16 volle Umzugskartons. Ja, jetzt haben wir die Scheiße, und ich wollte doch immer zu Suhrkamp. Ich hätte mich eben nie mit diesem niederbayerischen Gymnasiasten einlassen dürfen. Dieser ganze Eklektizismus konnte sowieso nicht gut gehen.
Ich bin ganz verzweifelt, und Du bist mein Anwalt und sitzt den ganzen Tag ohne Handy im Hofbräuhaus, um mit den Japanern ins Geschäft zu kommen. Und in zwei Tagen ist Weihnachten.

Heiner Link, 22.12.99

Ah, diese Wohnzimmerschränke aus Eiche, die künstlichen Christbäume und natürlich Kaffeekränzchen. Die erlösende Zigarette im Auto. Kaffee und Kuchen, das macht mich wirklich KRANK. Was ist das schon gegen einen schönen, langsamen Nachmittagsfick.
Herr, schicke mir einen Engel vorbei, der sich ein bißchen mit mir hinlegt. Ist denn wirklich schon alles vorbei?

Stumm
Ein Wurm hängt am Angelhaken.
Ein Fisch beißt den Wurm.
Der Fisch beißt auch in den Angelhaken.
Die Angel zieht den Fisch.
Nun hängt der Fisch an der Angel.
Die Angel zieht ihn in die Luft.
Der Fisch stirbt in der Luft.
Die Angel stirbt den Fisch.
Ein neuer Wurm hängt am Angelhaken.
Ein neuer Fisch beißt den neuen Wurm.
Und neues Leben blüht aus den Ruinen.
KURT SCHWITTERS

Tauwetter. 15 Uhr 15. Der Alkohol hängt mir in den Kniekehlen.

Heiner Link, 25.12.99

Die Gedichte von Rainald Goetz in Pool sind Scheiße.

Heiner Link, 29.12.99

Ich habe Sodbrennen.
Ich habe Schulden.
Ich vermisse jemanden.
Ich bin nicht sicher.

Aber ich bin ja nicht ich.
Ich komme auch ungern zu spät.
Ich bin überhaupt eine treue Seele.
Ich kann aber schon cholerisch sein.
Ich bin gerne cholerisch.
Ich möchte auch nicht ich sein.
Ich weiß, daß ich das weiß.

Ich weiße aber nicht die Zimmer.

Ich bin schon auch emphatisch.
Ich kann vergessen.
Ich bin störrisch.
Ich lehne mich auf.
Ich behaupte mich.
Ich bin gut.
Ich kann gut sein.
Ich konnte mal gut sein.
Ich werde wieder gut sein können.
Ich gehe spät schlafen.
Ich ruhe dann.
Ich bin dann ganz ruhig.
Ich bin ein Wassermann.
Ich verschwende mich.
Ich liebe die Musik.
Ich liebe die Fraun.
Ich liebe überhaupt.
Ich habe auch schon verloren.
Ich habe Niederlagen umgemünzt.
Ich habe mich vergessen.
Ich habe trotzdem herbeigesehnt.
Ich habe nicht alles versucht.
Ich habe geredet und geschrieben.
Ich habe, sage und schreibe, an das Glück geglaubt.
Ich weiß auch nicht
warum.

C. H. HUBER

Nicht vergleichbar, ich weiß.

Heiner Link, 30.12.99

»Wissmann (CDU-Schatschmeister) erklärte, das Dreifache des ungeklärten Betrages, knapp 7,3 Millionen Mark, habe die Partei als Rückstellung für den Fall gebildet, daß sie wegen möglicher Verstöße gegen das Parteiengesetz staatliche Mittel zurückzahlen muß.«
Sagenhaft!

Heiner Link, 31.12.99

01.01.00. Die Kaffeemaschine geht noch. Wenn jetzt der Zigarettenautomat an der Ecke auch noch funktioniert, wird der Tag vielleicht erträglich.
Nachdenken, über die Unmöglichkeit von Zärtlichkeit, Entspannung, körperliches Dasein, über Räusche und Gelüste, über die Anhäufung notdürftiger Probleme, lax gesagt, über den ganzen Scheiß, der uns so wirr im Kopf macht, über das, was wir dadurch verpassen.
Aber die Heizung gurgelt zufrieden vor sich hin, und in der Tat haben diese Tage den Vorteil, daß das Fernsehprogramm etwas erträglicher ist als sonst. Zum Beispiel eine sehr schöne Dokumentation: ABBA. Sehr interessant. Schäuble steckt auch im Spendensumpf, meldete das Radio. Ich habe nämlich eine Stunde alles gleichzeitig laufen lassen, Fernsehen, Radio, Internet. Und nebenher blätterte ich im IKEA-Katalog. »Das geht Sie alles gar nichts an.« Ein Satz, der beim Zappen hängenblieb.

Heiner Link, 01.01.00

Entwarnung! Im Aubinger Wienerwald gibt es noch Tessiner Rösti. Aubing, Pasing und auch Laim haben ja der Stadtmitte immer schon hinterhergehinkt. Früher störte mich das, heute bin ich froh um jede Minute.

Pionier
Auf dem Grundstück eines verwaisten Schwellenwerkes in Oberbayern hatte sich ein junger Mann eine Masturbationsmaschine gebaut. Der Boden galt auch nach Abbruch und oberflächlicher Reinigung als stark verseucht; eine Bürgerinitiative hatte sogar erreicht, daß die dort aufgestellten Altpapier- und Altglascontainer verlegt wurden.
Der Mann mußte nicht einmal fürchten, von Drogenabhängigen überrascht zu werden, so verfemt war dieses Stück Land.
Man fand ihn erst Tage nach seinem Tod. Ein Foto der Maschine in der Lokalzeitung zeigte ein galgenähnliches Gerüst, über ein Fußpedal konnte ein Strangulationsmechanismus ausgelöst werden. Außer dem Hals lagen auch Knöchel und Unterschenkel in eisernen Manschetten, nur die Hände blieben frei.
DAGMAR LEUPOLD

Heiner Link, 04.01.00

Ja, was ist denn los? Jetzt hat Goetz drüben im Pool mit seinen Gedichten aufgehört. Bloß, weil ich ihn hier ein bißchen angeschissen habe. Lieber Goetz, Du mußt nicht immer so empfindlich sein.

Oswald ist auch nicht mehr da. Keine Ahnung, wo sich der rumtreibt. Einsam und allein aber kriege ich immer kalte Füße.

Häuptling Gebrochenes Herz
sucht Jagdgründe, die ewig sind.
Auf den Bergen Schnee von gestern,
hinter beiden Ohren grün das Tal.
In der Hütte des Fallenstellers

In der Hütte des Fallenstellers
In der Hütte des Fallenstellers
gäbs wenigstens Whiskey
HELMUT KRAUSSER

Es wird sich doch noch ein Fläschchen finden lassen.

Heiner Link, 06.01.00

Jetzt ist auch schon alles wurscht, beziehungsweise ist es Viertelnachdrei, und dies ist schließlich kein Argument. Wenn ich es richtig mitbekommen habe, heißt Thomas Palzers entzückende Freundin Julia. Dies als Vorbemerkung. Um diese Zeit ist übrigens das Radioprogramm erträglich. Dies als Nebenbemerkung. Fact ist, daß ich mich grade in einem Lyrikwahn befinde. Nehmt also dies:

daß das das daß
daß das das zu erwartende war.
daß das das zu verbietende war.
daß das verbietende zu verbieten war.
daß das das erschreckende ist.
daß das das daß war.
daß das das daß war das nicht aufhört.
daß das das daß war das das daß nicht verbieten läßt.
daß das das daß war das das daß nicht das sein läßt.
daß zu sagen daß das das nicht das sein kann das das daß verbieten läßt daß aber *das* das das ist das aufhört, immerhin.
MICHAEL LENTZ

Läuft offiziell unter Prosa.

Heiner Link, 10.01.00

DamenundHerren, Sie sehen, wie mich auch der Kollege Norbert Niemann hängen läßt, sich zu keinem Kommentar hinreißen läßt. Den anderen Kollegen Oswald habe ich jetzt dabei erwischt, wie er beim Münchener Slam aufgetreten ist. Da wundert einen natürlich gar nichts mehr. Bei Niemann vermute ich auch das Schlimmste, bis hin zum Trachtenverein. Die Japaner haben ja wieder zugegriffen, und ich weiß bald nicht mehr, wie ich das hier händeln soll.
Meine Rettung ist die Lyrik:

Hallo, Mirko!

Schön war die Zeit,
stark war die Mark,
geil waren die Mütter
auf Enkelkinder.

Jung war der Bursch,
blond sein Mädchen,
voll war das Arbeitsamt
und Mallorca im Juli.
Reich wurden sie
nicht durch Nachtarbeit,
Butterkreuzfahrten und
Warenpreisausschreiben,

doch kam Hoffnung auf,
als ein Vetter in Dingsda
über Nacht die Welt bewegte
als deutscher Deputierter,

obwohl diese Schnapsnase
vor einer Dekade noch
nicht wußte, daß ein Big Mac
mit zehn Fingern verzehrt wird.

Seither suchen die Sinngeber
mittels flächendeckender Speicheltests
nach Leuten, die wirklich nur wählen,
was sie wollen. Danke, Meister!
UVE SCHMIDT.

Ich habe so einen Spaß an der Lyrik in letzter Zeit. Ich glaube, ich bin der Vorreiter des Lyrikbooms.

Heiner Link, 10.01.00

Lieber Norbert,
ich fordere Dich hiermit auf, auch mir eines von Deinen Sellerie-Gedichten zu widmen. Es gibt ja zur Zeit niemanden, der mehr für die Lyrik tut als ich.

Heiner Link, 13.01.00

Ach Heiner, jetzt laß doch nicht gleich den Kopf hängen, nur weil ich mal ein paar Tage (Weihnachten und Silvester wirst du doch nicht dazurechnen, Silvester haben wir doch sogar zusammen gefeiert, du weißt doch schließlich genau, was da wieder los war!) anderweitig beschäftigt bin.

GESTÄNDNIS
Sehr geehrter CIA, hochverehrter BND, allerhöchst verehrtes Feuilleton, liebe Iris Radisch, hiermit gebe ich reumütig zu und mache öffentlich bekannt, daß ich ein radikaler Altlinker bin. Es ist nicht so – und das bitte ich Sie bei der voll-

kommen angemessenen Verurteilung meiner Person immer zu berücksichtigen –, daß ich es gern bin. Im Gegenteil, ich kann nichts dafür, denn ich wurde vom Säuglingsalter an auf so derbe und irreversible Weise zum Altlinken konditioniert, daß mich dagegen zu wehren, gar davon zu befreien, einem Freitod gleichkommen würde. Ja, ich war es, ich habe den Ausdruck »herrschende Verhältnisse« gebraucht, oder – sollte es wirklich Herr Link gewesen sein, der ihn gebraucht hat – noch schlimmer: Ich habe einen Freund hinterrücks aufs Erbarmungsloseste und Gemeinste indoktriniert, manipuliert und akupunktiert. Nur mir konnte so ein Ausdruck beigefallen sein, nur in meinem Gehirn sind solche Ausdrücke unentwegt am Rotieren, nur mich trifft die Schuld und darf der volle Schlag der Gerechtigkeit ins Gesicht treffen.

Zwanghaft, psychotisch, schizophren wie so mancher Massenmörder, kreisen meine Gedanken pausenlos um die sogenannte Gesellschaft und ihren revolutionären Umsturz. Was ich will, das heißt, was ich nicht anders kann, als zu wollen, ist die Vernichtung des Kapitalismus, die Ausmerzung der Burschuasie und der totale Kampf gegen den Kulturimperialismus.

Natürlich bin ich für die Abschaffung des Fernsehens, das ich hasse, das mir schon im uneingeschalteten Zustand Brechreiz und Gewaltphantasien verursacht. Statt seiner möchte ich, daß in allen Wohnungen Lautsprecher installiert werden, aus denen täglich vier Stunden lang und unabschaltbar aus meinen revolutionären Schriften (ein dreißigbändiges Totalopus, in dem jeder Satz eine Erleuchtungskraft besitzt und das ich leider bis zur Stunde der Wahrheit unter schwerem Verschluß zu halten genötigt bin) vorgelesen wird.

Des weiteren hasse ich alle Aufsichtsräte, Mercedes-Fahrer, Umweltverschmutzer, Trickbetrüger und Innen, Werbefritzen, Management-Coaches. Jede Form der Marktwirtschaft ist ein rotes Tuch für mich. Ich bin für die totale Zensur, eine globale Planwirtschaft unter militärischem Oberbefehl, die Rückkehr zum Zweitakt-Motor, die Zerschlagung der Pornoindustrie ebenso wie der FAZ-Redaktion. In der Kunst will ich einen Neuen Sozialistischen Realismus. Neben ihm darf nichts geduldet werden. Ich habe das Marx/Engelsche Gesamtwerk bereits im zarten Alter von zehn Jahren auswendig gelernt, auswendig lernen müssen. In den folgenden sieben Jahren erweiterte ich mein Repertoire um Lenins, Maos, Ho Chi Minhs, Adornos, Lukács', Habermas' und Dutschkes jeweiliges Gesamtwerk. Mein Lieblingsautoren sind Johannes R. Becher, Maxim Gorki und Bert Brecht (beide nur teilweise), Herbert Wehner (Frühwerk!), Walter Ulbricht und Markus Wolf. Ich glaube an die Orgontheorie Wilhelm Reichs und die totale sexuelle Revolution. Außerdem an einen knochenharten Linksfeminismus. Außerdem an die Weltrevolution und die Expropriation der Expropriateure. Ich bin für den bedingungslosen Frieden.

Meine Damen und Herren – und bitte bedenken Sie bei der Bestimmung des Strafmaßes die Freimütigkeit dieses Geständnisses –

ICH BIN SCHULDIG!

Richten Sie mich.

Hochachtungsvoll,

Norbert Niemann (radikalaltlinkssozialistischer Totalkommunist)

`Norbert Niemann, 13.01.00`

Die Schweiz (66 Zugriffe) hat Österreich (55 Zugriffe) überholt, und der CIA hat sich 28 Mal eingeklinkt. Verdammt!

Lieber Helmut, auch ich wurde heute angeschrieben, und zwar von einem evangelischen Religionslehrer aus Leipzig, der sich beim *Affenbuch* erst in »Erwartung schwarzer Haudrauf-Lyrik befand«, nach meinem Autorenfoto »gute Rotwein-Witzigkeit« vorzufinden glaubte und schließlich »Saturiertes und dabei verbissen Komisches« zur Kenntnis nehmen mußte, mich aber trotzdem für einen passablen Entertainer hält. Bitteschön, das ist doch was. Da will ich nicht meckern.

Heiner Link, 13.01.00

Schwarze Haudrauflyrik – schwarz? Im Sinne von Schwarze Serie? Schwarzer Humor? Schwarzer Freitag? Alice Schwarzer? CSU-schwarz? – würde man gleichviel, was damit gemeint ist, jedenfalls gerne lesen. Aber daß Dein puttenhaft-engelsgleiches Gsichterl auf »Rotwein-Witzigkeit« hindeuten würde, das ist schon, wie man so sagt, ein dicker Hund. Dabei schaust Du gerade auf dem Foto im Affenbuch so lyrisch-versonnen und feinsinnig in die Kamera, wie allenfalls ein Spätburgunder der Spitzenklasse es könnte.

Georg M. Oswald, 13.01.00

Schwarze Hydraulik, hab ich erst gelesen. Interessant, interessant. Aber gut:
Dir geb ich gleich ein »puttenhaft-engelsgleiches Gsichterl«. So nicht, gelt!
Wie Du ja auch schon bemerkt hast, habe ich wegen der Schmerzen abgenommen und schaue jetzt aus – erst heute wurde es mir wieder bestätigt – wie Jack Nicholson, den ich verehre, wie sonst vielleicht nur Mao-Tse-Tung (schreibt man den so?). Jetzt, wo ich soviel Erfolg bei den Frauen habe (heute wieder zwei E-Mails), laß ich mir doch von Dir nichts mehr gefallen, nicht wahr. Nämliches Foto hat mit lyrischer

Versonnenheit nichts zu tun, es wurde in Darmstadt bei den Kranichsteiner Literaturtagen aufgenommen (von Renate von Mangoldt), und ich habe nicht in die Kamera geblickt, sondern auf sechs Flaschen französischen Weißwein, die unerreichbar schienen, von denen aber schließlich kraft meines Willens mindestens zwei den Weg in die Weiten meines Wintermantels fanden. Das war zwar alles, was ich da absahnen konnte, nicht wahr, aber es waren wenigstens zwei Flaschen Wein. Und die hat nicht jeder mitgenommen.
Verstehst?
Ich bin einfach nicht mehr bereit, derartige Respektlosigkeiten hinzunehmen.

Heiner Link, 14.01.00

Oha! Aber lyrische Versonnenheit ist doch nichts Schlechtes, mein Freund! Und ich kann mir sehr gut vorstellen, wie Du haarscharf, aber directement und sehnsuchtsvoll an Frau von Mangoldt vorbei auf die Weinflaschen spekuliert hast. Statt lyrischer Versonnenheit könnte ich natürlich auch sagen: Durst. Wäre Dir das lieber? Und daß Du abgenommen hast, bereitet mir Sorge. Was ist geschehen? Treibst Du heimlich Sport? Bist Du auf Trennkost umgestiegen? Hast Du Dir einen Bandwurm eingefangen? Ein Mann von Deinen geistigen Ausmassen (die Rechtschreibreform: Früher gab es Ausmaße – das Ausmassen hingegen fand ausschließlich beim Eisstockschießen statt) darf gerne einen Bauch haben und und ein rundliches Honoratiorengesicht. Schau Dir Jack Nicholson an! Der ist ja nun wirklich kugelrund!

Georg M. Oswald, 15.01.00

Durst. Ja. Ich rede vom frühen Jack Nicholson, natürlich. Wie jeder. Rosi Mittermeier und Christian Neureuther im

Fernsehen, wer soll das aushalten? Ich wollte nur sagen: unter diesem Einfluß stand ich.

Heiner Link, 16.01.00

Kanther legt sein Bundestagsmandat nieder, »um die Treibjagd zu beenden«. Das muß man sich mal vorstellen!

Heiner Link, 18.01.00

Kohl als Ehrenvorsitzender zurückgetreten. Soll hier ruhig auch dokumentiert sein. Was melden wir hier in Bayern? Es qualmen die Aktenvernichtungsanlagen. Trat übrigens zuletzt 1989 in den neuen Ländern auf.

Heiner Link, 19.01.00

Ich habe ja auch Geld genommen. 1998 habe ich von diesem Literaturagenten 200 Mark in bar bekommen und dies Geld sofort der Schatschmeischterei übergeben, und jetzt stelle ich Zuge der Ermittlungen fescht, daß das Geld nicht richtig verbucht wurde. Meine Frau hat sich Strumpfhosen davon gekauft.

Ich habe jedenfalls in meinem ganzen Leben eines nie verloren: Meine Ehre. Und das werde ich auch jetzt nicht tun (Beifall).
Nach diesem langen politischen Leben strebe ich doch nicht mehr nach Ämtern, sondern danach, meine Ehre zu bewahren (Beifall). Und dazu gehört, ein von mir gegebenes Wort nicht zu brechen (Beifall).

Heiner Link, 19.01.00

Las heute in der Süddeutschen, daß in Pößneck (Thüringen), wo ich im Oktober auf der Burg Ranis eine Lesung hatte, ein

29jähriger Mann das Baby seiner Freundin aus dem Fenster warf. Motiv: Finanzielle Schwierigkeiten. Wahnsinn.

Erhebende Beobachtung heute im Supermarkt. Einer alten Frau fiel der Krückstock um. Ich ging hin, hob ihn auf und gab ihn ihr. Sie bedankte sich nicht. Ich glaube, es wäre ihr lieber gewesen, wenn ich ihn liegengelassen hätte. Ich werds mir merken.

Heiner Link, 20.01.00

Soso. Man hat die Gedichte liebgewonnen. Da schau her. Gut, dann will ich Euch eines geben:

Die denken, dazu kann man nicht nein sagen

Wir hören, du gibst den Leuten
wirklich noch was für ihr
Geld, und bei uns in der Stadt
ist selten was los, deshalb
unser Angebot: Wir fliegen dich
ein, bringen dich in einem
guten Hotel unter, du kannst
soviel trinken wie du
willst, wir mieten einen
Saal, in den ein »Haufen«
Publikum reinpaßt, du wirst
staunen, wie viele hier
schon von dir gehört
haben, wir garantieren dir
ein volles Haus und
25% von den Einnahmen.
Wir mögen dich, Mann!
Also – wie wärs, hm?

CHARLES BUKOWSKI

Wie wärs, lieber Kollege Oswald, wenn Du ein bißchen weniger joggen würdest und unseren Lesern hier statt dessen mal ein Gedicht von Dir präsentierst? Präsentieren würdest.
Ich bin schon wieder ganz indifferent.

Heutige Schlagzeile auf den Münchener BILD-Zeitungskästen: Boarisch bleiben. Stammtisch gegen das Internet!

Es soll keiner glauben, daß wir es hier im Süden leicht haben.

Heiner Link, 21.01.2000

Ja, ich bin fleißig, aber nur, weil sonst nix mehr geht. Grade mal wieder bei amazon.de vorbeigeschaut. Schön, lieber Heiner Link, daß Sie mal wieder vorbeischauen, bitte klikken Sie hier für Ihre persönliche Buchempfehlung. Nun, was wurde mir angeboten? RAVE (Es geht um Exzeß, Saufen ...), und dann noch »Gisela« von einem gewissen Robby Dannenberg, an den ich mich nicht erinnern kann. (Gisela erzählt die Liebesgeschichte von Gisela und Paul, zwei jungen Menschen, die zwar bei der körperlichen Liebe – ohne Scham – zueinander finden, deren Beziehung jedoch an der Angst, dem anderen eine Blöße zu zeigen, und ...)
Schon erstaunlich.

Heiner Link, 22.01.00

Heiner Link
Er ist der schlimmste Knollenfresser
Der jemals den Erdball geziert
Und trotzdem. Je mehr er ißt, desto besser
Geht's ihm. – Was doch mich nicht geniert.

Norbert Niemann, 24.01.2000

Nun ja.

o Gott, welche Freude
du bist hier
schluchz und auf der
letzen Gipfel-
konferenz aßen
sie Stangen-
bohnen, Butter
schmatz, schlürf
reich mir den Dreck
und ne Coke, Kumpel
o vielen Dank
AUSZUG AUS »BIOTHERM« VON FRANK O'HARA

Schöne Sachen gibts. Draußen knackt die Kälte, ich glaube 20 Grad Minus heute, gut. Ich glaube ja nicht an die Mafia. Das ist doch ein Hirngespinst. Mafia hier, Mafia da, das stellt man sich immer so schön vor. Das ist natürlich grober Unsinn. Wahr ist nur, daß es draußen kalt ist, saukalt. Man denkt sich immer die Mafia dazu, aber das ist natürlich grober Unsinn. Es gibt keine Mafia.
Gäbe es eine, wäre sie der Ausdruck einer vollkommenen Ästhetik. Und die könnten wir ja gar nicht einlösen.

Heiner Link, 25.01.2000

Ach, so schlecht ist die Welt ja doch nicht: Der ORF produziert das von Arno Geiger und mir geschriebene Hörspiel »Elfenkinder oder Alles auf Band«, und der Deuticke Verlag in Wien druckt es, macht uns ein schönes Buch daraus.

So müßte es immer laufen, eine gute Idee, sofort umgesetzt, ohne jede Konzession. Ohne diese Scheißmarketingängste. Ohne die Zicken, denen man normalerweise immer ausgesetzt ist. Und dann würd ich auch ganz gerne ein paar Buchhändler aufhängen, öffentlich, versteht sich. Ein paar kleine Verbesserungen könnte diese Welt schon vertragen.
Übrigens, Helmut, das vergaß ich bei der heutigen E-Mail, Du kannst Dich ruhig mal hier einmischen, wenn Du Lust hast.
So.
Liebe Grüße nach Österreich!

Heiner Link, 26.01.2000

Hier eine kleine Geschichte, ich konnte mich nur nicht für einen Titel entscheiden:

Über meine derzeitige Lieblingsfreundin
oder
Warum ich den Sommer befürchte
oder
Über das Unmenschliche in der Liebe
oder
Die Erotik eines Schneidezahns
oder
20 Gramm, die dein Leben verändern
oder
Tempo
oder
Ausgemacht ist ausgemacht
oder
Warum ich unglücklich bin
oder

Warum gehst du denn so komisch?
oder
Kriegsverletzung
oder
Blecherne Unterhose
oder
Bloß, weil ich mich gleich drauflegen wollte
oder
Manchmal gehen wir auch ins Kino
oder
In einer Weinstube kann man sich ja nicht hinlegen
oder
Einfach so, weil die Sonne scheint
oder
2021
oder
Kein Schlapparsch
oder
Liebst du die Haare in meiner Nase?
oder …

Vielleicht sollte ich ein bißchen von meiner derzeitigen Lieblingsfreundin erzählen. Klasse Frau. Ich konnte sie aber noch nicht in Besitz nehmen. Wir verhandeln noch. Natürlich bete ich sie an, ich weiß nicht, ob das gut ist, aber ich bete sie an. Man kann sich mit ihr sogar über Literatur unterhalten, obwohl ich gar nichts davon verstehe. Vorgestern noch habe ich sie im Arm gehabt, Wahnsinn! Es hatte zwanzig Grad unter Null, mir wäre auch lieber gewesen, es wäre jetzt grad Sommer. Dann hätte sie vorgestern vielleicht ein Sommerkleidchen angehabt, 20 Gramm schwer, Sie verstehen. Ach nein, das hätte mich ja ganz verrückt gemacht. Ich bin sowieso immer so nervös. Wenn ich mit ihr beim Wein sitze, rede ich einen Stuß zusammen, Sie machen sich keinen Begriff. Ich denk mir dann immer: Sag endlich was zu diesem leicht schräg stehenden Schneidezahn, der dich so anmacht, Arschloch, blödes. Aber ich brings nicht raus. Es kommen jetzt auch langsam die Rückschläge (retardierende Momente). Seit vorgestern zum Beispiel dreht sie den Kopf beim Küssen immer etwas zur Seite, grade so viel, daß ich am Mundwinkel vorbei, gut, dachte ich mir, dann küss ich dich aufs Ohr. Damit hatte sie nicht gerechnet. Das war nicht unelegant, aber man hat ja solche Tricks nicht ständig parat. Und natürlich ist das ein Zeichen. Ich sage Ihnen, dieser Schneidezahn macht mich noch ganz wahnsinnig. Natürlich könnte ich sie etwas genauer beschreiben, aber bei mir läuft das immer auf ein sehr reduziertes Bild der Frau hinaus, verstehn S'. 20 Gramm, mehr hat so ein Sommerkleidchen nicht, ich weiß wirklich nicht, was ich im Sommer machen werde. Ich meine, das ist ja unmenschlich. Überhaupt, wenn wir in dem Tempo weitermachen, sind wir auch im Sommer immer noch beim Küssen. Das kommt hinzu. Werde ich den Schneidezahn dann schon mit einbeziehen können? Das sind alles so Fragen. Und dann die Konkurrenz. Sie reist nämlich viel, Vertreterin, und es ist anzunehmen, daß dieser gottverdammte Schneidezahn auch anderen Vertretern gefällt, nicht wahr. Wenn das Sommerkleidchen blau ist, dreh ich sowieso durch. Stellen Sie sich ein blaues Sommerkleid vor, aus dem bronzefarbene Oberschenkel blitzen, das wäre wirklich nicht auszuhalten. Und dann muß man sich vorstellen, ein Wahnsinn, ich meine, mal angenommen, ich umarme sie, und ich neige ja dazu, Brust an Brust, nur durch 20 Gramm Stoff getrennt, und dann rutscht vielleicht auch noch meine Hand auf ihr Gesäß, und das alles, während ich in höheren Etagen diesen Schneidezahn umzüngle … Ich habe das gestern mal in Gedanken durchgespielt und weiß nur, daß es so nicht enden darf. Warum nur hat es der liebe Gott so eingerichtet, daß wir das ganze Jahr über paarungsbereit sind? Das war ja durchaus gut gedacht, nur sind eben manche Menschen paarungsbereiter als andere Menschen, das ist das Problem. Wenn man sich anschaut, was der Kerl sonst alles so geleistet hat, fragt man sich schon, warum er das nicht richtig durchdacht hat. Solange ich schon schnaufe, leide ich unter der Unfähigkeit anderer. Wahrscheinlich hat sie auch sensationelle Knie. Ich bin ganz sicher, daß dieser leicht schräg stehende Schneidezahn der einzige Makel ist, und den hat der Herr auch nur eingebaut, damit mich der letzte Rest Vernunft verläßt. Was ich sagen will, lassen Sie mich doch ausreden, ein wenig ausholen: Also, ich wollte mich gleich drauflegen, aber das wollte sie nicht, das ging ihr dann doch zu schnell. Wir haben dann vereinbart, daß sie das Tempo bestimmt. Das war natürlich ein ganz grober Schnitzer, also davon kann ich Ihnen nur abraten. Jedenfalls, ich deutete es schon an, das Tempo ist jetzt sehr niedrig. Ich kann aber nix machen, weil ausgemacht ist ausgemacht. Im Winter fällt es schon schwer, dieses Tempo zu halten, aber wenn ich an den Sommer denke, und ich denke oft an den Sommer, denke ich daran, daß ich da bei erster Gelegenheit dieses Tempo überschreiten werde. Und zwar gehörig. Ich kenne mich doch. Ich denke also nicht, daß es über den Sommer hinaus halten wird. Verstehen Sie jetzt, warum ich unglücklich bin? Sie denken, ich übertreibe, Sie ahnungsloses Individuum. Ich ging vorgestern mit dieser Frau durch die Münchener Fußgängerzone, nicht wahr, sie hatte sich bei mir eingehakt. Das war alles. Und bedenken Sie bitteschön, was wir alles anhatten, bei 20 Grad minus. Da sagt sie plötzlich zu mir: Warum gehst du denn so komisch? Nur weil ich mein Gesäß etwas nach hinten gestreckt hatte, um mich zu entlasten. Ja, was hätte ich da Ihrer Meinung nach sagen sollen? Kriegsverletzung? Und was möchten Sie mir für den Sommer vorschlagen? Eine blecherne Unterhose? Sie Schlaumeier. Muß ich mich schon wieder aufregen. Das hat man nun davon, daß man im fortgeschrittenen Alter noch gesund und munter ist. Ich habe immer gesund gelebt. Orangensaft und so. Fenster kippen. Jetzt bin ich 39, das ist ja für den Mann das beste Alter überhaupt, und ich habe sogar noch Gefühle. Jeden einzelnen Quadratzentimeter dieser Körpers würde ich einzeln küssen, und es gäbe Stellen, wo ich mir Zeit lassen würde. Verdammt viel Zeit. Das weiß sie natürlich nicht, weil wir so langsam sind. Bloß, weil ich mich gleich drauflegen wollte. Manchmal gehen wir auch ins Kino, aber meistens gehen wir in eine Weinstube. Im Kino waren wir erst einmal, weil ich mir gedacht hab, im Kino seh ich ja fast gar nichts. Sagen wir mal so, sie hatte sich ein Magnum bestellt, ich habe ja erst gar nicht begriffen, was das bedeutet, nicht wahr, und dann hat sie dieses Eis an den Mund geführt und ein Stück abgebissen. Mit diesem Schneidezahn. Nix mehr, habe ich mir gedacht, aus ists mit Kino. Ich geh ja sowieso nicht gerne ins Kino. Arsch an Arsch drauf warten, daß es dunkel wird. Vielleicht begreifen Sie langsam, was das für eine Frau ist. Eine Granate! Ich mag alles an ihr. Wie sie geht, wie sie steht, wie sie sitzt. Natürlich auch, wie sie liegt. In einer Weinstube kann man sich ja nicht hinlegen, aber im Sommer. Ich meine, wir werden im Biergarten sitzen, im Hirschgarten, und dann auf den weiten Wiesen herumtollen, Fangen spielen, nein, Fangen spielen ist nicht gut, wir werden einfach so herumlaufen und vor Freude juchzen, nicht wahr, und es wird der Zeitpunkt kommen, daß ich mich hinlegen muß, wegen den

Marlboros, und dann? Dann legt sie sich vielleicht neben mich, weil es sich ja alleine nicht so schön herumtollen läßt, und dann rutscht ihr das Kleid hinauf oder herunter, jedenfalls zurück, und wir befinden uns nebeneinander in liegender Position. Und dann schlingt sie vielleicht sogar die Arme um mich, das muß ja gar nicht böse gemeint sein, einfach so, weil die Sonne scheint, Frauen sind ja manchmal so, ich meine, bei Frauen kann das schon ein ausreichender Grund sein. Ja, vielleicht legt sie sich sogar auf mich drauf, einfach so, weil Samstag ist. Ich muß mich irgendwie beruhigen. Theoretisch, ich meine, angenommen, ich würde diesen Sommer überstehen, ich habe mir das grade mal ausgerechnet, bei dem Tempo, das wir grade fahren, reden wir über das Jahr 2021. Da bin ich einundsechzig, und sie schaut vielleicht wie Anfang Fünfzig aus. Oder sogar wie Ende Vierzig. Das macht es nicht einfacher. Wenn ich das mit dem Drauflegen nur rückgängig machen könnte. Gut, wir kannten uns erst eine Viertelstunde, aber ich dachte mir, eine solche Klassefrau will doch einen Draufgänger und keinen Schlapparsch. Außerdem hatte ich schon acht oder zehn Viertel und zwei Brombeerschnäpse. Na ja. Sie schleift mich immer zur S-Bahn, das macht sie alles klaglos mit. Sie trinkt ja immer nur höchstens zwei Viertel, den ganzen Abend zwei Viertel Wein, ein Wahnsinn, und dann frage ich sie immer: Liebst du mich? Ja, sagt sie dann. Liebst du mich vom Scheitel bis zur Sohle? Ja. Liebst du mein Rasierwasser? Ja. Liebst du meine Cordhosen? Ja. Liebst du die Haare in meiner Nase? Ja. Ich kann fragen, was ich will. Immer JA. Verstehn S'. Und dann dieses Tempo. Vielleicht sollte ich nicht ständig diesen Trachtenjanker tragen. Ich weiß es auch nicht. Ich bin ratlos. Es ist schon hart, verliebt zu sein.

Heiner Link, 28.01.2000

Wenn sie das gelesen hat, krieg ich Ärger. Na ja, was geht im Leben schon ohne Risiko.
Vielleicht stelle ich hier sogar mal ein Gedicht von Robert Gernhardt rein. Obwohl er schon mal einen Text von mir kritisiert hat.
Mir ist alles zuzutrauen.
Dabei ist Robert Gernhardt längst in den gelben Reclam-Bändchen verewigt, und ich bin doch bloß ein kleines Würstchen, bestraft durch Herkunft und schlechtes Benehmen.

Nächste Woche Lesung in einem Dachauer Gymnasium, vor dreihundert Oberstuflern. Soll einer sagen, ich riskiere nichts!

Einstweilen ein kleines Gedicht:

> Der Kopf
> Wange an Wange mit ihm
> beim Geschlechtsverkehr
> ich erinnere mich
>
> sie beklagte sich
> weil ich so schlecht rasiert war
>
> C. H. HUBER

Heiner Link, 01.02.2000

Heute Post erhalten. Das ist an und für sich genommen noch nichts Besonderes. Aber WAS für eine Post, Heinerle, WAS für eine Post! Nämlich vom »i-punkt verlag für kürzestprosa GmbH«. Gell, da schaust. Die bieten Bücher über Computergrundwissen »für Frauen« an und »Kürzestprosa« eben. Das würdest Du jetzt gerne wissen, was das ist, hmm? Und die Star-Autorin des i-punkt verlags, die sogenannte »Erika Lem-

mer alias Angelika Huber« (steht so im Prospekt) wird es Dir erklären. (Ist das eigentlich ein Unterschied, ob man Erika Lemmer oder Angelika Huber heißt?) Erika Lemmer erläutert ihren Gedichtband »deine hand auf meiner stirn« so:
»In den überwiegend in ihrer Auf- und Umbruchsphase 1989 entstandenen Gedichten ist denken und empfinden eins. In ihnen verliebt sich die Autorin in Steine, Pflanzen, Augen, begegnet Menschen, erlebt Orgasmen und reflektiert über Verletzungen an Mensch und Umwelt.« Der Band umfaßt 31 Seiten und kostet 32,– DM. Ein stattlicher Preis, aber ich bin sicher, das Buch ist jeden Pfennig wert. Hier also, als kleiner Service für unsere Freunde von den Kokos-Inseln, die ISBN 3-931004-02-3. Nichts zu danken.

Georg M. Oswald, 01.02.2000

Prompt ist der i-punkt Verlag heute in der *Süddeutschen* (Münchener Kultur) portraitiert. DamenundHerren, wir sind schneller als die *Süddeutsche*! »deine hand auf meiner stirn« Muß ich mir merken.

Heute in der Mailbox
Lieber Heiner Link,
selbstverständlich verfolge ich Ihre Arbeit. Würden Sie meine auch verfolgen, wüßten Sie, daß ich zusammen mit F. W. Bernstein schon 1976 folgendes Poem veröffentlichte:

Die Wetterwendische
»Du Heiner...« »Ja?« »Mir fällt grad ein,
ich wäre gern ein Warzenschwein!«
»Ein Warzenschwein? Mein liebes Kind...«
»Nein Heiner, diese Schweine sind

für mich der Inbegriff des Schweins:
Mit sich und mit dem Kosmos eins,
so streifen sie durch's Unterholz.
Ihr Herz ist gut, ihr Wesen stolz,

ihr Auge schaut so klar und rein –
ach wär' ich nur – »Ein Warzenschwein?«
»Ja, Heiner, ja und nochmals ja!
Jedoch ...« »Jedoch« »Seit ich mal sah,

wie diese Tiere wirklich sind,
voll Warzen und den Kopf voll Grind,
steht für mich fest, ich wäre lieber ...«
»Kein Warzenschwein?« »Oh nein. Ein Biber!«
...
Weiter so. Ihr Robert Gernhardt.

Besten Dank.

Heiner Link, 02.02.2000

Nicht zu fassen. Nicht nur Kokos-Insulaner – ich weiß, ich wiederhole mich, aber es macht einfach ungebrochen Freude, davon zu sprechen –, sondern auch Olympier lümmeln da im Netz herum. Aber das waren sie ja auch nicht immer. Auch Robert Gernhardt hat ja mal als verbotener Autor angefangen, ob er's nun weiß oder nicht. Es entspricht nämlich den Tatsachen, daß mir Frau Doktor Atzinger in der elften Klasse einmal einen Verweis wegen fortgesetzter Lektüre der »Blusen des Böhmen« erteilt hat. Überhaupt: »Oswald! Nicht immer Romane lesen!« hat sie mindestens einmal pro Stunde gedröhnt. Muß ich erwähnen, daß ich in Chemie eine Pfeife war?

Georg M. Oswald, 03.02.00

Kleiner Gastbeitrag hierzu, frisch eingetrudelt:

was ich gerne wieder wär
wär im wilden wald ein bär
dann käm ich an und sähe sehr
bärig aus, wie einer der
bären aus dem fernseher.
HELMUT KRAUSSER

Heiner Link, 03.02.2000

Ach ja, die Lyrik.
Wenn ich mirs recht überlege, wäre das schon das Gescheiteste. Für mich würde sich da auch auflagemäßig nicht viel ändern, hi hi, na ja, ich bin gut drauf, weil mich grade meine derzeitige Lieblingsfreundin angerufen hat. Anrief. Wir haben über den Schneidezahn gesprochen. Vom Tempo war wieder nicht die Rede. Obwohl, vielleicht muß ich nur genauer hinhören, vielleicht war da was. Es ist ja auch wärmer geworden, nach meinem Text. Wie auf Bestellung. Siehst Du, Kollege Oswald, Du kennst Dich halt doch nicht aus. Sagt der auf diesen erschütternden Text hin doch glatt: »Du wirst es nie kapieren.« Ich habe ein großes Herz, lieber Girgl, und das verschwende ich für manch indolenten Hammel (allgemein gesprochen), darf ich da nicht auch mal eine Frau anbeten? Diese wundersamen Geschöpfe, für eine jede würde ich sofort aus dem Fenster springen. Was wäre falsch daran? Nehmen wir noch mal meine derzeitige Lieblingsfreundin, für die ich mich jederzeit auch parterre wegwerfen würde, und zwar so weit, wies irgendwie geht, damit ich keinen Unfug anrichten kann, für die ich meinen Trachtenjanker jederzeit ins Schmelzwasser legen würde, damit sie auch nur einen Fuß drauf setzt, für die ich auf offener Straße in die

Knie gehen würde und so weiter. Aber gut, Du verstehst halt von der Liebe nichts, Gewalt ist Dein Thema, vielleicht grad noch die Kritik am Kapitalismus. Lauter so Schmarrn. Du wirst schon sehen, daß ich mich mit dem Thema Liebe durchsetze. So oder so. Für eine Frau wie meine derzeitige Lieblingsfreundin würde ich (allgemein gesprochen) einfach die Welt verändern, das wäre für mich nicht das geringste Problem. Und was bringst Du zustande? Ein Radiointerview.
Ich war, lieber Girgl, in Chemie auch eine Pfeife, und trotzdem haben wir uns so unterschiedlich entwickelt. Wie konnte das passieren? Ich weine bei der geringsten Gelegenheit, und Du wetzt das Messer und hast Erfolg. Ist das Taktik? Dreiundzwanziguhrvierundvierzig und nur noch vier Zigaretten, das sind Probleme.
Ich bin schon das größte Talent.
Andere wissen vielleicht mehr.
Aber ich bin das größte Talent.

Heiner Link, 04.02.2000

Das größte Talent hat Kopfweh. Irischer Whiskey. Aber deshalb können wir hier auch nicht aufhören. Ich habe heute früh schon ein bißchen geweint, wegen meiner derzeitigen Lieblingsfreundin, weil ich sie so mag. Zeitlang habe. Ist das nicht ein schöner Terminus: Zeitlang. Das ist bayerisch. Insgesamt fühle ich mich aber schon ein wenig geschnetzelt. Habe nämlich grade eine Kassette, die mir der Verlag schickte, angehört.

Ein Radiointerview.

Leute, ich sags frei raus: Ich werde mich zurückziehen. Nicht wegen dem Schmarrn, den ich da verzapft habe, man ist ja mittlerweile Profi, nein, viel fürchterlicher:

Ich klinge wie Franz Beckenbauer.

Entsetzlich. Ich sage hiermit alles ab, alle Lesungen, alles, aus ists. Ich mag nicht mehr.

Gut. Also. Reißen wir das Olympiastadion ab. Ich bin dabei.
Gebt mir einen Preßlufthammer.
Dieser gottverdammte irische Whiskey.

Heiner Link, 06.02.2000

Tullamore Dew,
lieber Helmut.

»Die sagenumwobene Geschichte, die sich um Tullamore Dew rankt, hat ihren Ursprung vor dem 10. Jahrhundert, als die Iren die magische Kraft von Whiskey entdeckten. Goldene, irische Gerste und kristallklares Quellwasser werden heute ebenso wie damals verwandt. Nach dreifacher Destillation lagert Tullamore Dew in ausgesuchten Eichenfässern, wo er in den Jahren der Reife seinen reichen, weichen Geschmack entwickelt. Kenner schätzen sein typisch irisches Wesen ...«

Klappentext zum vorgestrigen Abend.

Du hast ja nur eins von den Glasbildern getroffen, lieber Helmut. Ich habe den ganzen Nachmittag das Haus mit Glas vollgehängt. Wann hat man schon mal soviel Konkurrenz im Haus? Was ich da mit einem Schlag hätte abräumen können. Aber Oswalds müssen ja immer schon so früh gehen, Neumeisters kennen meine faulen Tricks und Norbert Niemann fällt wie eine Katze.
Ja, wir hatten zum Schluß schon eine sehr russische Stim-

mung. Du sagtest, ich wäre der Beste. Weißt Du noch? Nicht mehr? Dann müssen wir verhandeln, denn ich habe alles aufgezeichnet.

Heiner Link, 07.02.2000

Da flattert doch glatt ein Fax vom ORF hier rein, ob ich denn zu einem schon vereinbarten Radiointerview überhaupt noch antreten möchte. Ich lasse mich doch nicht von dem Neofaschisten und Kunst- und Literaturhasser Jörg Haider an meiner Arbeit hindern.

Heiner Link, 10.02.2000

A propos Gedichte, Heiner.
Heute habe ich mir einen, genaugenommen sechs neue Gedichtbände in brandaktueller, zugleich seltsam altertümlicher Veröffentlichungsform im hiesigen Supermarkt besorgt. Der Verlag heißt ZEWA, das Label MOLL und der Titel: LIEBENSWERTE SPRÜCHE, sozusagen Eins bis Sechs, das Ganze für sagenhafte 4 Mark 49. Sie sind nicht ganz einfach zu lesen. Das heißt, sie sind sogar sehr leicht zu lesen. Was ich nur ausdrücken wollte: Es ist unmöglich, darin zu blättern, dir, den Lesern und -innen, also jetzt so etwas wie ein Gesamtbild, eine kritische Würdigung zu geben. Die Lektüre funktioniert nämlich nur Seite um Seite, Blatt für Blatt eben. Denn wie in der sagenumwobenen Bibliothek von Alexandria haben wir es hier mit Schriftrollen zu tun, äußerst langen, äußerst umständlich wieder aufzuwickelnden Rollen.
Ich kann also nur aus dem Anfang zitieren:

»Wer mit der
Liebe spielt,
muß auch
verlieren können.«

Das ist leicht, nicht ohne Tiefe. Und stellt es nicht auch wunderbare Bezüge her, zur Weltlyrik, zum Beispiel zu Deinem letzten, dem Gedicht eines gewissen Herrn Huber? – Ein paar Seiten weiter:

»Vorsicht und
Rücksicht
Beweisen
Weitsicht.«

Metrisch rund und geschlossen, Einheit von Inhalt und Form. Und das noch:

»Bei etwas
Liebenswertem
fragt man nicht
nach seinem Wert.«

Thematische Dichte, zyklisch wiederkehrend. Doch jetzt kommt der avantgardistische Hammer: Die Gedichte werden nach einigen Seiten einfach und dann immer wieder noch einmal, gleichsam mantraartig wiederholt! Und als Krönung dieser editorischen Glanzleistung: Diese Bücher sind auch noch anderweitig praktisch verwendbar. – Kurz, es handelt sich um mein neues Klopapier.

Was für Perspektiven eröffnen sich da für ein zukünftiges Rezeptionsverhalten. Man könnte, zielgruppenorientiert, Haßsätze-Haßwörter-Ausgaben herausgeben, für Rechte, Linke, Politikverdrossene, Rassisten und Antirassisten, Feministinnen, Machos, Feuilleton- oder Deutsche-Schriftsteller-die-sich-in-den-Medien-produzieren-Hasser. Nur zum Beispiel.

Der Haider ist mir sympathisch, Name. Und sich damit den Arsch abgeputzt. Oder: Ich habe mein Ehrenwort gegeben, Name (wisch). Ich gebe Ihnen mein Ehrenwort, Name (wisch). Wir sind die neue Sozialdemokratie, Name (wisch). Kollateral-

schaden (wisch), Berliner Republik (wisch), andersgelbe Nudeln (wisch) … ja, jetzt dürfen auch Sie mitmachen, liebe Leser und -innen, und die Reihe selbständig fortsetzen zum Weiterwischen, was, das macht richtig Spaß, Lyrik für den Arsch.
Und ich habe jetzt hier dieses Klopapierchaos auf dem Schreibtisch und muß es wieder aufrollen.

Norbert Niemann, 09.02.2000

Ich habe mich vor einiger Zeit hier mal sehr unflätig über Rainald Goetz' Gedichte geäußert. Das hätts vielleicht gar nicht gebraucht, aber weil die Thailänder wieder so fleißig zugreifen, will ich ein wirklich gutes von ihm nochmal aus dem Gedächtnis zitieren:

14.59.57
14.59.58
14.59.59
15.00.00

KRANK

So ungefähr ging das. Ob die Uhrzeit stimmt, weiß ich nicht.
Sehr gut jedenfalls.
Bei Trakl habe ich nichts gefunden

… *Stille wohnst du im Schatten der herbstlichen Esche,*
Versunken in des Hügels gerechtes Maß …, usw.

Was hat die Woche sonst noch gebracht? Ein Kinobesuch mit meiner derzeitigen Lieblingsfreundin. Im Film fiel ein Schuß,

und sie zuckte zusammen, und in diesem Moment hätte ich sie fressen können, wirklich.
Außerdem habe ich bei HUGENDUBEL für 9 Mark 90 ein Penisbuch erstanden, dem ich entnehmen konnte, daß die Austrittsgeschwindigkeit des Ejakulats bei ca. 40 Stundenkilometern liegt und die größte medizinisch bestätigte Reichweite einer Ejakulation 29,7 cm beträgt.
Laut Horoskop (FÜR SIE) ist nächste Woche am Montag mein bester Tag. Das ist ja schon morgen. Wie die Zeit vergeht.

Heiner Link, 13.02.2000

Scheißtag, wirklich. Das Horoskop in der FÜR SIE ist wirklich keinen Pfifferling wert.

Heiner Link, 14.02.2000

29,irgendwas Zentimeter. Pfff. Der Seifenspender in unserem Gästeklo (wir haben ein Gästeklo) schafft selbst bei ungeschickter Bedienung – aus dem Stand! – ca. 50 cm.

Georg M. Oswald, 15.02.2000

Das sind die Ergänzungsbeiträge, die ich brauche, um zur vollen Entfaltung zu kommen. Danke, Girgl.

Heiner Link, 16.02.2000

Die Frauen beim ORF haben alle schwarze Lederhosen an. War aber ganz nett im Landesstudio Vorarlberg.

> 1 Dichter muß Sonette reimen:
> Milka=zart mit Echos klingeln –
> einfach Nichts mit Nichts verleimen –
> Blah=Blah mit Blah=Blah umzingeln...
> FRANK-WOLF MATTHIES

(Nach dem »album« werde ich mal was machen, wo auch die Form stimmt. Da liegt ja auch schon Komik drin.)

(O Kunst! O Kunst! Edel & Gut!
Du hart=geschwung'nes Och! –
Du sanftes=starkes Elfenbein –
so gleite mir ins Loch! –«)

Genau.

Heiner Link, 20.02.2000

Na gut, aber nur, weil eine Unbekannte per E-Mail »... warum nicht jeden Tag Robert Gernhardt? ...«, ... ich kann ja ein Eigentor zugeben, nicht wahr. Also. Jeden Tag nicht, aber 1es will ich euch noch gönnen:

Gebet
Lieber Gott, nimm es hin,
daß ich was Besond'res bin.
Und gib ruhig einmal zu,
daß ich klüger bin als du.
Preise künftig meinen Namen,
denn sonst setzt es etwas. Amen.
ROBERT GERNHARDT

Ich bin da wirklich ganz seiner Meinung.

Heiner Link, 21.02.2000

Buchempfehlung: Nell Kimball, »Memoiren aus dem Bordell«, Eichborn. Nicht billig, aber ein sehr gutes und schönes Buch.

Überhaupt ist das Schöne an meinem Beruf, daß man manchmal einfach rumlungern muß. Einfach so rumhängen. Schnaps gleich nach dem Aufstehen. Ein schweres Scotchglas am Rande der Badewanne ist ja schon mal ein ästhetisches Erlebnis. Und dann ist es Dreiviertelzwei und man fläzt sich auf die Kautsch und liest ein gutes Stündchen. Idealerweise würde man zwischendrin das Dienstmädchen bumsen, aber soweit geht's natürlich nicht. Dann kocht man was, wobei man Radio hört, ein Hörspiel vielleicht. Derart stimuliert macht man sich eine Flasche Wein auf und denkt sich: Es könnte wesentlich schlechter laufen.

Heiner Link, 22.02.2000

Was, bitteschön, ist an Biathlon so interessant? Wieso zeigen die das stundenlang? Versteh ich nicht.
Biathlon. Wie leicht doch die Volksseele zufriedenzustellen ist.

Eines Tages traf ich in einem
Dieser neuen und modernen S-Bahnzüge:
Walter Jens
Er kramte mißvergnügt in seiner Aktentasche
Er hatte
Eine Idee
Ich sagte:
Herr Jens, wenn ich Ihnen mit einem Bleistift aushelfen kann,
Und hier:
Der Brief von meinem Liebsten
– die Rückseite ist nicht beschrieben
Walter Jens nahm Bleistift und Papier
Und schrieb seine Idee auf deinen Brief
Der Bleistift war zerkaut und voller Spucke

Und Dein Brief war voller Lügen
Aber Walter Jens schauderte nicht
Rübenkamp stieg Walter Jens aus und nahm meinen Bleistift mit.
KAREN DUVE

So kann es gehen.

Heiner Link, 23.02.2000

Eine E-Mail: Warum ich nicht mehr zum Thema Haider sage. Weil ich alles gesagt habe, was es dazu zu sagen gibt.
Ich habe zu arbeiten, um Haider müssen sich die österreichischen Wählerinnen und Wähler kümmern.
Der Satz des Tages:

Irgendeiner platzt immer.
ANNEGRET HELD

In diesem Sinne!

Heiner Link, 24.02.2000

Merci, Sven, merci, Hippie, ihr preist mein Talent. Das tut gut, angesichts meiner Steuererklärung. Also, Leute, ihr müßt schon meine Bücher kaufen, sonst geht hier bald nichts mehr.
Aber ich schreibe ja jetzt an einem Sexroman. Und ich denke auch daran, irgendeinen Skandal anzuzetteln.

Wann war das, 97 auf der Frankfurter Buchmesse, glaube ich, da hatte ich die Lebensabschnittsgefährtin des damaligen Programmchefs von Reclam Leipzig mit »Schatzi« angesprochen. Ich glaube, ich fügte sogar ein freundschaftliches

»Da geh her« hinzu, geschmeidig, wie ich bin. Wie reden Sie denn mit Frau K.? fragte mich der Chef, und ich gab ihm einen verschwörerischen Rempler.
Sibylle Berg, die damals breit plakatiert wurde, knutschte ich gleich so ab, daß ihr das Handy aus der Hand fiel. Du mußt zunehmen, Süße, raunte ich ihr zu, da ich das Gefühl hatte, einen Werkzeugkasten an mich zu pressen. Wer ist das denn? fragte sie den Chef, da ich nicht plakatiert wurde.
Es ist ein Wunder, daß ich noch immer beim Verlag bin.

Gut, aber das nur nebenbei. Ein Skandal muß her. Erbitte also Vorschläge unter dem Stichwort »Skandal«. Die besten Vorschläge werden hier veröffentlicht. Bitte keinen anonymen Schweinekram, der fiele mir selber ein.

Heiner Link, 25.02.2000

Es bedeutet natürlich für sich selber mehr als für andere …

Den Rest habe ich grade gelöscht.
Führt zu Nichts.

Heiner Link, 26.02.2000

Real Madrid gegen FC Bayern, 2:4, endlich mal wieder ein gutes Spiel. Was ich mir jetzt wieder anhören muß. Vor allem von Helmut Krausser und Georg M. Oswald. Lieber Helmut, lieber Girgl,
ich gratuliere ja.
DamenundHerren, ich will gar nicht verschweigen, daß mich die Kollegen ausgrenzen. Nur weil ich ein Blauer bin. Sind ja alles Bayernfans hier. Es schickt sich halt. Alleine Norbert Niemann weiß nicht, was Abseits ist. Mit ihm kann ich über Lessing sprechen, nächtelang. Da gibt es keine Spannungen.

Das ist schon auch angenehm, nicht immer der modischen political incorrectness ausgesetzt zu sein, sondern ehrlich und unschuldig den Arbeitern vom TSV 1860 München huldigen zu können, an deren Spitze immerhin ein Sozialist wie Karl-Heinz Wildmoser steht.
Vor diesem Hintergrund zeigt sich natürlich erneut, daß ich alleine die Lage überblicke, daß ich alleine political incorrect bin.

Ihr nicht!

Heiner Link, 29.02.2000

»Der Schrei eines Schmetterlings.« Keine Ahnung, wo das wieder her kommt. Wenn ich in Pasing zum Hugendubel marschiere, weiche ich niemandem aus, um mich müssen sie schon einen Bogen machen. Manchmal rempelt mich einer an, dann kommt es zum Blickgefecht. Soviel zu meinem Verhältnis zur Bevölkerung. Bücher kaufe ich im Hugendubel kaum noch, meist nehm ich eine Illustrierte, mit der ich mir dann im *Wienerwald* die Zeit vertreibe.
Soviel zu den Bildern, die den Sexualneid schüren. Im *Wienerwald*, wo kaum noch Alkoholiker sitzen. Sie haben den Rentnern Platz gemacht, die das Geflügel schätzen und aus dem Fenster starren, als gäbe es da was zu sehen. Natürlich, die Bewölkung ist ja jeden Tag eine andere. Es nieselt heute auch. So einen Bierdeckel kann man vorne und hinten beschriften, ich bin sogar so frech, über das Hacker-Pschorr-Logo zu schreiben und es damit zu entkräften. Ich weiß nicht, wieviel Hacker-Pschorr schon in mich hineingeflossen ist, aber ich weiß sicher, daß genausoviel wieder herausgeflossen ist, und kein Tropfen mehr. Leider.
Daß mit den Bildern was nicht stimmt, weiß ich wohl und werfe diese Ahnung um mich. Am Bahnhofsvorplatz finde

ich ein Fünferl und habe nicht die Größe, es liegen zu lassen. Und dann muß ich schon wieder heim, dies hier abzutippen. Mit Hilfe technischer Tricks wird man es in 10 Minuten auch in Japan lesen können, nur werden meine japanischen Fans kaum wissen, was ein Fünferl ist. Und ich kann es nicht besser erklären. Aber das macht nichts. Vielleicht verstehen es die Kanadier, oder sogar die Inländer. Du siehst, lieber Norbert, auch in diesen Zeiten fällt die Hoffnung nie ganz von mir ab. Das Malen, ja, das Malen habe ich aufgegeben, wann war es, vor fünf Jahren schon. Ein einziges Bild verkaufte ich, und als mir der Käufer schließlich anvertraute, er wäre der »absolute« IKEA-Fan, war auch das für mich gelaufen.

Mein Bruder sagte nur: Das Beste sind die Titel.

Zu verkaufen:

Trapez Komma Klumpen,
120 x 80, Öl auf Leinwand
DM 3.600,–

Heiner Link, 03.03.2000

www.jacobsKROENUNG.de. Da zweifelt man schon an diesem Medium. Lange kann das nicht interessant bleiben. Nichts bleibt im Leben, nur das Normale. Herzinfarkt, Gehirnschlag, Krebs, solche Sachen. Mir schmeckt heute abend der Wein nicht, nur weil ich nachmittags schon welchen hatte, weil ich also mal wieder zuviel wollte. Man kann aber doch gar nicht zu früh anfangen. Es gibt ja keine Abenteuer mehr, und zwar selbst dann nicht, wenn ich in der *Süddeutschen* auch mal erwähnt bin, verzerrt zumal.

Und wenn hier der Rauch 1 Meter 50 hoch steht, werde ich aufstehen. Und wenn hier der Rauch 2 Meter hoch steht, steige ich auf einen Stuhl. Und wenn hier der Rauch 2 Meter 50 hoch steht, mache ich ein Fenster auf. Es sollte niemand etwas anderes von mir erwarten.

Erfreulicherweise.

Heiner Link, 04.03.2000

Ach, in letzter Zeit geht mir gar nichts von der Hand. Und Gottlieb Wendehals verkündet bei RTL II, er hätte 36 Zentimeter zu bieten.
Ach ja.

Liesl Karlstadt: Wo kommst denn du her?
Karl Valentin: Dös könnt' ich dir gar net sag'n.
Liesl Karlstadt: Du wirst doch wissen, wo du her kommst.
Karl Valentin: Woher soll ich das wissen – wo ich hingeh weiß ich.
Liesl Karlstadt: So? Ja, wo gehst du denn dann hin?
Karl Valentin: Zum Arzt.
Liesl Karlstadt: Fühlst du dich nicht wohl?
Karl Valentin: Im Gegenteil – unwohl.

Das triffts.

Heiner Link, 05.03.2000

Es gibt Grenzen, mein lieber Freund. Es gibt Grenzen, die, werden sie überschritten, einen Mann zwangsläufig auf seine Zimmerpalme treiben.
Deshalb erwarte ich von dir, damit ich wieder von da oben runterkomme, eine umgehende Richtigstellung. Wo auch immer, am besten überall. Denn so geht es nicht, damit kann kein Mann, ein bayerischer zumal, leben.

Meine Kenntnisse über die genauen Zusammenhänge des Abseits sind profund. Ich weiß sogar, was ein indirektes Abseits ist, der Name des Trainers von 1860 München liegt mir unausgesetzt auf der Zunge und auch noch der Name mindestens eines Spielers dieser Mannschaft. Diejenige von Bayern kann ich geradezu im Schlaf herunterbeten, nur damit du Bescheid weißt.
Daß Herr Mooshammer Präsident der Blauweißen ist, war mir allerdings bislang unbekannt.

Norbert Niemann, 07.03.2000

Ach, Norbert, bleib Du bei Deinem Lessing. Diskutiere doch nicht mit mir, der ich für meine 60-Meter-Pässe bekannt war, über Fußball.
Da, wo ich meine Pässe hinschlug, stand niemand, aber sie waren genial. Ich habe das aber nie bedauert und mich jederzeit auswechseln lassen. Und das soll mir erst mal jemand nachmachen.

Da, wo alle rennen, fällt der auf, der stehenbleibt, sagte Peter gestern. Daran glaube ich nicht. Es trifft auf mich auch nicht zu, da ich fliege. Ich bin ein kleines, graues Vögelchen, das gerne piepst. Nur sitze ich nicht auf einem ländlichen Birnbaum, sondern auf einer Straßenlaterne am Luise-Kieselbach-Platz. Ich denke, es muß doch auch am Mittleren Ring gepiepst werden, nicht nur am Eisenbahnknotenpunkt Plattling. Genug, ich weiß.

Heiner Link, 08.03.2000

»Dem vernetzten Dichter ersetzt das Netz des Selbstbezugs die Welt«, schreibt Iris Radisch in der ZEIT. »Wer im gemachten Netz sitzt«, schreibt sie weiter, »ist für die Literatur verloren.«

ich sag es euch allen ganz ohne hohn –
ich treffe ihn immer den richtigen ton
in meinen liedern – meiner werkstatt fron:
in dem metier trag ich den preis davon
nicht nur auf dem papier
ist mein vers zeuge wider jede argwohn
weil ich ihn richtig polier
weisheit und ehre die habe ich schon
narrheit und schmach aber ist der welt lohn
weil sie dem mut mit ihrer furcht drohn
doch wenn ich nun einer dame beiwohn
schwöre ich dir
daß ich mir auch dann hol meine kron
und nicht verlier.

Sagte schon Guihelm IX. im 11ten oder 12ten Jahrhundert.

Heiner Link, 10.03.2000

Sonntag nachmittag, ein Tierfilm gegen Depressionen. Dann Lektüre:

... Unkraut: nie werde ich dieses Anblicks satt
er erfrischt mich immer
denn es ist wenig Heiligkeit
in dem was höheren Glanz hat.
W.C. WILLIAMS

Schön.

Heiner Link, 12.03.2000

Obacht!
Man wäre also im Interesse eines vernünftigen Arbeitsklimas in einem kleineren Kollektiv wie hier dazu verpflichtet, relativ gemischte Moralstandards genügend deutlich gemischt und undeutlich genug zu signalisieren, ganz egal, nach welchen Standards man selber realerweise sich zu verhalten meint, um einander möglichst viel Freiheit zu geben, sich so zu verhalten, wie jeder will. Und das heißt im konkreten Fall dann meistens, aus eigenem Interesse an positiver Selbstdarstellung, nicht allzu asozial. Auf die Art entsteht mit der Zeit eine freie Drift in Richtung Nichtkaputtheit.
Aus »Dekonspiratione«, Rainald Goetz

Was ich da schon wieder Spaß dran habe. Trash pur. Warum gefällt der Iris Radisch das nun nicht? Das ist ja gar nicht nachvollziehbar. Es müßte doch mit der Zeit die freie Drift in Richtung Nichtgefallen um des Nichtgefallenwillens so auffällig werden, daß es sogar der ZEIT auffällt, ganz egal, nach welchem Standard sie selber realerweise sich zu verhalten meint. Das müßte doch drin sein.

Heiner Link, 15.03.2000

»Die Bundesrepublik. 1989. Goethe. Der zweite Weltkrieg. Adorno. Hiroshima. Woodstock. Und überall ganz groß und dauernd: DAS JAHRTAUSEND. In welchen Zeiten leben wir eigentlich?«
Ja, genau, lieber Goetz, DAS JAHRTAUSEND.

Der Donnerstag ist als Tag wirklich sehr angenehm für mich, weil ich am Freitag immer meinen Bürotag habe und also am Donnerstag nie was mache, weil ich mir denke, das machst du alles am Freitag im Büro. Das ist wirklich sehr angenehm. Am Donnerstag denke ich immer nach. An allen anderen Tagen denke ich nur: Geht was, oder geht nix? Wir haben ja alle nicht mehr viel Zeit, da muß man sich schon aufs Wesentliche konzentrieren.

Und was machst du so?
Aha. Interessant.
Was grad im Speziellen.
Aha.
Worum gehts?
Hmm.
Ich meine von der Thematik ...
Ach so ...
Und das kann man einfach so machen?
Aha.
Verkauft sich denn sowas?
Echt nicht?
Ja, aber ...
Interessant.
Du, ich muß jetzt wieder, man sieht sich.

Oder auch nicht, würd ich sagen.

Heiner Link, Donnerstag, 16.03.2000

... Welche schüchternheit
was für mißgunst und bosartigkeit
woran liegt es
daß sie mich nicht wollen?
was würd es ihr schaden
einer mit schmalen brauen
wenn sie mich kriegt
in einem dunklen und dichten wald:

es wär wirklich keine schande
mit mir auf einem bett von blättern zu liegen!
DAFYDD AP GWILYM

Genau.

Heiner Link, 20.03.2000

Schädeltheater.
Sehr schönes Wort.
Über sowas kann ich mich noch freuen, ansonsten bin ich grade ganz im Einklang mit Goethe, wenn er sagt: Er hat Sentiment, aber er ist ohne jede Sentimentalität; die Zustände sind männlich und rein empfunden.

Heiner Link, 22.03.2000

Lazarettpoesie nannte Goethe die Texte seiner jungen Kollegen. Auch ein sehr schönes Wort, das mir sicher mal über die Lippen kommen wird, wenn wieder Zeit zum Lästern ist. Man könnte die Leute wohl amüsieren, wenn sie nur amüsabel wären, zitierte er Wieland. Ich schreibe das gerne zweimal hin, DamenundHerren, damit Sie sehen, wie ich mit Goethe und Wieland kooperiere.
Damit das auch mal klar wird.

So, und nun wieder mal ein Gedicht:

bläue
anläufe; anläufe, es ans laufn
zu kriegn; diese blindanläufe für
leitmotive, für handzeichn. reanimations-
versuche am themen-, am textkadaver vorbei
di zungnspizze sichtbar wird: di helfer-
zungn zungnhelfer beim hantiern; dies

handfläche auf handrükkn pumpm pumpm bis
di rippm knakkn. helfershelferzungn. was
di leistn beim überm herzaas hantiern.
ein schaun, ein schaum in di runde; ein
zukkn mittn schultern, mit den zungn in
stillem, ständig wiederkehrendem licht.
THOMAS KLING

Reanimationsversuche am Themen-, am Textkadaver vorbei, das gefällt mir schon ziemlich gut. Ich bin ja der Sohn eines Baggerführers. Ein großartiger Beruf. Eine Betätigung. Bierfahrer war er auch, mein Vater, da bietet sich natürlich ein Witz an. Muß aber nicht sein.

Hier im Netz kann man ja hantiern. Changschiern. Und deshalb überführe ich jetzt eine Geschichte, die unter »Aktuelles« bereits steht, hier in diesen html-Bereich. Lästert nur, rümpft die Nase, ich habe meine Gründe.

GESCHICHTE AUS DEM WIENERWALD

War nach längerer Zeit mit den Kindern mal wieder im Kino. *Der Gigant aus dem All.* Gar nicht schlecht gemacht, ich staune inmmer wieder, wie literarisch Kinderfilme sind. Den Kindern will man scheinbar noch was mitgeben, bei den Erwachsenen hat man es offenbar aufgegeben. Jedenfalls wollte mein Sohn Gummibärzeugs, so grüne Ringe, und wer bin ich, ihm diesen Wunsch abzuschlagen. Ich schlug zwar ein Milkyway vor, aber er wollte eben grüne Gummibärringe, und dann versanken wir im Charme dieses gutmütigen, 15 Meter hohen Eisenmonsters. Anschließend hatten wir Hunger und gingen in einen nahegelegenen Wienerwald. Und hier mußte ich gleich die erste Katastrophe zur Kenntnis nehmen: Es gibt eine neue Speisekarte und damit meine »Tessiner Rösti« nicht mehr. Muß sich immer ständig alles ändern? Aber gut, dies nur nebenbei. Ich bestellte dann den Ersatz (Wienerwald Rösti), eine lächerliche, gemüseaufgepeppte Variation. Mein Sohn wollte nur einen kleinen Teller Pommes frites. Ich haderte mit den nach nichts schmeckenden Zucchini und tadelte meinen Sohn, der schon nach ca. fünf Pommes frites vorgab, satt zu sein. So gehts nicht, sagte ich, das süße Pappzeug reinschlingen und dann keinen Appetit mehr auf gesunde Nahrung haben. Wieviel muß ich noch essen, fragte er mich. Iß halt noch ein paar, sagte ich, und er setzte tapfer an. Und dann kotzte er den ganzen Tisch voll. Es kam erst gelbbraun, dann schaumig, dann giftgrün, und zum Schluß farblos. Er stand da und kotzte stehend alles in seinen Teller. Zwischen den Schüben sah er mich verzweifelt an. Man glaubt ja nicht, was sich im Magen eines 8jährigen mengenmäßig befinden kann. Meine Tochter wandte sich ab, das Zeug tropfte vom Tisch, und Moritz sagte: Das wars jetzt. Jetzt kommt nichts mehr. Ein paar Leute schauten rüber, ich schaute zurück und säuberte ihn, so gut es ging. Ist das peinlich, sagte er. Ich drückte ihm die letzte Papierserviette in die Hand und bat ihn, sich nicht zu rühren. Dann suchte ich den Kellner, aber Wienerwaldkellner erscheinen nur viertelstündlich. Dürfte ich Sie mal kurz beanspruchen, sagte ich schließlich, und der Kellner warf einen Blick über seine Schulter, komme gleich, sagte er, die Situation offensichtlich nicht realisierend, und das bedeutete eine weitere Viertelstunde. Ich hatte keine Papierservietten mehr, und das Zeug tropfte vom Tisch, und mein Sohn sagte, es tut mir leid, Papa. Ich hätte gerne eine geraucht, aber das schien mir nicht passend zu sein. Setz dich hin, sagte ich, aber er wollte stehenbleiben. Er erwartete den Kellner. Als der endlich kam, sagte er, ach so, er hat gebrochen. Ja, ich habe gebrochen, sagte mein Sohn, und dann dauerte es keine Viertelstunde mehr, und ich kriegte eine Papiertuchrolle und einen blauen Müllsack in die Hand gedrückt. Bitte alles da rein, hieß es, mitsamt dem Teller. Und dann haben wir Teamwork geleistet, ich und mein Sohn, und ich gab 5 Mark Trinkgeld, und beim Rausgehen sagte Moritz: Papa, es wird mir eine Lehre sein, seine Hose stank entsetzlich, und er nahm mich an der Hand, während wir an Sexreklame vorbei zur S-Bahn gingen. Und im Zug saß er mir dann gegenüber, das linke, vollgekotzte Hosenbein zum Trocknen langgestreckt, und sah an die dreckige schwarze Fensterscheibe, die gar nichts bot. Und deshalb habe ich heute geweint.

Heiner Link, 23.03.2000

Ja also, die Zahlen sinken. Das ganze Unternehmen hier wird zunehmend schwieriger. Keine Ahnung, wie lange ich noch Chefredaktör sein werde. Dem Kollegen Oswald hat man wahrscheinlich gekündigt, und ich sitz hier und warte, bis man mir den Saft abdreht.
McKinsey
cKinsey
Kinsey
insey
nsey
sey
ey
ey, ey, das könnte blöd ausgehen. Ich muß irgendwie Werbung machen. Aber ich kenn mich da nicht aus. Dem müßte ich ein Brieferl schicken und jener natürlich auch, und da sollte ich mich unbedingt mal hinwenden und dort erst. Dabei interessiert mich nur der blaue Schatten des Schnees.

manche meinen
lechts und rinks
kann man nicht
velwechsern
werch ein illtum!
ERNST JANDL

Wer sonst?

Heiner Link, 27.03.2000

Eine E-Mail aus Paderborn: … kann ich mir nicht vorstellen, daß das tatsächlich Ihrem Privatleben entspricht. Es ist ja auch kein richtiges Tagebuch, das der Nachwelt den Schriftsteller Heiner Link präsentiert …
Nein, mein richtiges und privates Tagebuch sieht anders aus:

28.03.
Wegen Sabine in der Bongobar. Wodka Lemon. Verbrüderungsszenen am Ostbahnhof. Letzte S-Bahn verpaßt. Den Taxifahrer zu einem Absegler im Pasinger Stüberl überredet. Seitdem Hausverbot.

01.04.
Stimmen. Ich nenne eine Ballantines, die andere Dschonnie. Schwer getrunken. Angst im Treppenhaus. Erst Angst, dann Sturz.
Schulter ausgerenkt.

02.04.
Kopfschmerzen. Jubel.
Daß das noch möglich ist.

04.04.
Klosterfrau Melissengeist. Schmeckt besser als Rasierwasser (für Notfälle mal angetestet).

07.04.
Über meine Sonderstellung (NZZ) nachgedacht. Aber nicht lange. Gelage mit Georg. In der Fußgängerzone mehrere fremde Frauen angesprochen. Schnittwunde. Regenschirm.

10.04.
Nur noch Bourbon im Haus. Ging aber mit viel Eis. Meine Augen werden immer schlechter. Zog deshalb schon nachmittags alle Rolläden herunter und rauchte im Dunklen eine Havanna. Sehr nachdenklich.

11.04.
Whisky kaufe ich abwechselnd im SPAR, Tengelmann und an der FINA-Tankstelle. Fällt dann nicht so auf. Wein kommt vom Versandhandel. Liebeskummer. An fester Kost heute nur Vitamin-C-Tabletten.

13.04.
Schwerer Sturz im Arbeitszimmer. Dabei eine ganze Flasche Williams Birne verschüttet. Es riecht jetzt sehr angenehm. Haß- und Mordgedanken. Steige von REVAL auf Marlboro Medium um.

17.04.
Schwer angetrunken telefonisch ein Radiointerview gegeben. Dabei die Postmoderne gepriesen. Danach ultimativer Kick. 5 Tassen Kaffee mit Kognak, Mischungsverhältnis 1:1.

19.04.
Filmriß. Es fehlen 24 Stunden. Habe aber nicht das Gefühl, daß wirklich etwas fehlt.

20.04.
Blut im Klo, Prostata, hoppala. Belgisches Bier probiert. Zwecklos.

22.04.
Brief vom Deutschen Literaturfonds. Scheint echt zu sein. Lasse ihn von meiner Frau vorlesen. Champagner. Nachts noch mal spät raus, um einen Baum zu umarmen.

25.04.
Nüchtern ins Bett! Um 3 Uhr hellwach. Eine Flasche Riesling Kabinett innerhalb weniger Minuten. Dazu Catull-Gedichte gelesen. Dann Alptraum.

26.04.
Der Briefträger hält bei der Übergabe eines Einschreibens deutlichen Abstand. Wirres Fax an die *Süddeutsche*. Versehentlich Balsamico-Essig getrunken.

28.04.
Vormittags nur Weinschorle. Bin stolz auf meine Disziplin. Nachmittags einen Stuhl auf die Straße gestellt. Darauf ein Zettel: Komm zurück!

30.04.
Flaschendepot teilentrümpelt. Fast nur Braunglas, Ballantines. Nachdenken über den Standpunkt außerhalb der Philosophie, den gesunden Menschenverstand. Dabei wieder mal eine Brille zertrümmert.

02.05.
Party bei Freunden? Hatte Flachmann mit. Spät dann noch ein Gespräch mit Jesus, der mir eine große Zukunft prophezeite und mich hinsichtlich meiner Sonderstellung in der deutschen Literatur beruhigte. Johannes stieß hinzu und taufte mich mit Eiswasser.
Prellungen vom Schlafen auf Parkettboden.

04.05.
Viel gelacht über Georg Trakl. Abends Kinobesuch mit Freundin. Eingeschlafen. Anschließender Annäherungsversuch gescheitert. Helle Blitze am Himmel, der mir grün vorkam. Blutsbrüderschaft mit dem Taxifahrer.

05.05.
Schwer getrunken. Für 1200 Mark Bücher beim ZVAB bestellt, außerdem neue Unterhosen, Größe 8, reine Baumwolle.

06.05.
Fremde Männer im Haus. Suchte nach Waffen, fand aber nur ein Stück Holz. Frau aufgeweckt, aber nicht Polizei angerufen. Dann nachgeschaut, woher das Wort ALARM kommt: Aus dem Italienischen.

08.05.
Mal wieder Rotwein, wegen der Verdauung. Versuch einer Ordnung gescheitert. Encyclopedia of Golf gelesen. Notizen allerdings unleserlich. Da doch auch Ballantines.

09.05.
Mit dem Papst beim Golfspielen gewesen. Birdie am 6ten Loch, ein wunderbarer Traum.

12.05.
Hennessy bringts nicht. Überhaupt, merkwürdiger Tag ohne jede Sexsucht. Beim Einkaufen gegen parkenden Wagen gelaufen. Eine Flasche 97er Chateau Moysson Bel Air zerbrochen. Wunsch zu sterben.

16.05.
Delirium grande. Fortbewegung innerhalb des Hauses auf allen Vieren. Das Hirn wummert. Fünf Frauen telefonisch zum sofortigen Beischlaf aufgefordert. Dann mit Sohn Rechnen geübt.

19.05.
Zahlreiche Stimmen und Erscheinungen. Auch Napoleon.

20.05.
Anruf beim Verlag mit verstellter Stimme.

21.05.
Einen Kunstforumband von vorne bis hinten gelesen. Dann Kapitalrausch. Spät nachts mit verschiedenen Werkzeugen versucht, ins eheliche Schlafzimmer einzudringen. Dabei das Schloß so stark beschädigt, daß meine Frau den Schlüsseldienst rufen mußte. Im Keller versteckt.

23.05.
Wurde auf offener Straße mit offener Flasche gesichtet. Besorgte Telefonate. Magen ausgepumpt.

25.05.
Experimente mit Robert Walser und Kräuterlikör. Fehlgeschlagen.
Handke und Birnenschnaps funktioniert.

27.05.
Krämpfe. Trudeln. Sturz. Schlafen. Im Bett ists doch bequemer. Fand im Gästezimmer endlich die Flasche Whisky, die ich vor einem Jahr versteckt hatte.

28.05.
Wollte mal wieder ausgehen. Schaffte es bis zur Bahnhofswirtschaft, in der ich Rudi kennenlernte, mit dem ich einige Kleidungsstücke tauschte.

01.06.
Zahnfleischbluten. Wodka desinfiziert. Nachmittags lag ich etwa eine Stunde in der Garage neben den Winterreifen.

02.06.
Gedichte von Thomas Kling gelesen. Dazu Havanna Club, five Years old. Verschiedene Dinge aus dem Fenster geworfen, auch Texte und leere Flaschen.

04.06.
Viel Wein. Experimente mit diversen Mundwassern. Dann durchs ganze Haus gegangen und alle Lichter angemacht. Anschließend polnischer Wodka im Geräteschuppen. Lektüre: Gedichte von Erich Fried.

05.06.
Spreche meine Frau direkt auf ihr Verhältnis mit VHS-Kursleiter an. Ergebnis: Beschwerden wegen Zigarrenasche im Haus und leeren Flaschen unter der Thujenhecke.

08.06.
Wieder geweint. Einige Harvey Wallbanger getrunken. Meine Tochter erwischte mich bei einem Gespräch mit Klopstock.

Ich öffne ja gerne meine Schatzkiste. Mit schönen Grüßen nach Paderborn.

Heiner Link, 28.03.2000

Ich möchte wieder malen. Konkrete Idee, Heinz Rühmann via Diaprojektor im Dunklen auf die Leinwand zu werfen und ihn dann zu spachteln. Tolle Idee. Schöne Zeiten waren das, wild und ohne jedes Kalkül. Im Dunklen zu malen ist überhaupt das Größte. Nur ein schwacher Lichtschein auf die Leinwand gerichtet, man ahnt Farbe, dahinter Musik und Stimmung. Und die Ästhetik des Spachtelns. Und dann der Morgen, Tageslicht, das Betrachten der Arbeit, die verrückten Farben.
Schön.
Ich habe eine beträchtliche Anzahl von Scheißbildern gemalt, aber ich hatte immer großen Spaß daran.
Wenn Sie verstehen, was ich meine.

Heiner Link, 30.03.2000

Plagiat, sagt einer zu meinem Sauftagebuch. Dabei habe ich es nicht nur viel besser gemacht als Eugen Egner (und das in ca. 1 Stunde am Sonntag nachmittag), sondern werde erst noch richtig ausholen. Aber so sind die Popp-Kameraden.

Unlässig. Eitel. Siebengescheit. Wahrscheinlich sogar Achtgescheit.
Weiß man nie so genau.

Herbstmorgen in Holland
Die Nebelkuh
am Nebelmeer
muht nebel mei-
nem Bahngleis her

nicht »neben«, denn
wo Nebel fällt,
wird auch das n
zum l entstellt
ERICH FRIED

Verstehst?

Heiner Link, 31.03.2000

Herzflattern. Kreislaufprobleme. Liebeskummer. Und ich trau mich nicht anzurufen. Ja, gut, warum soll ich andere Probleme als der Durchschnittsmensch haben? Hab ich nicht. Ich welke ebenso dahin. Grau ist alles um mich, und auf die Wettervorhersage ist kein Verlaß.
Nie Verlaß gewesen.
Höre viel Musik.

Heiner Link, 02.04.2000

Immer, wenn ich deprimiert bin, schaue ich in den Ikea-Katalog. Außerdem habe ich mir heute eine anständige Bratpfanne gekauft. Man ist ja gar kein Mensch ohne eine gescheite Bratpfanne. Das Ding hat mindestens acht Kilo. Derart

bewaffnet, fragte ich dann im Zeitlungsladen nach der bekannten italienischen Sportzeitung. Siehe da, die Rentner gingen mir artig aus dem Weg.
Das Leben ist großartig.

Heiner Link, 03.04.2000

Ich grüße Irland! 8 Zugriffe im April aus dem Land der großen Dichter und Trinker. Das ist schon einen Asbach Uralt wert!

01.06.
In einem Schrank aufgewacht. Mittelschwere Kreislaufprobleme.
Sofort Schampus.
Lektüre: Immer noch Erich Fried: Die Schnabelsau.

03.06.
Zweimal Polizei im Haus. Habe angeblich laut gesungen. Russische Trinklieder. Vergaß, daß Frau Sundermann von gegenüber ihren Mann an der Ostfront verlor.

04.06.
Arbeit am Gedichtband. Kognak.
juqi.ollng5rzn v5r0hz5hz38rä

07.06.
Wollte leere Flaschen wegbringen, wurde aber am Wertstoffhof abgewiesen. Man entsorge keine Gewerbebetriebe. Haß- und Mordgedanken.

09.06.
Konnte nicht arbeiten. Ein paar schnelle Walzer mit Annette Freiin von Droste-Hülshoff. Fiel direkt in einen Weißbierträger.

10.06.
Mit Rudi ein paar Sechsämtertropfen genommen. In Eglharting in der S-Bahn aufgewacht. Gelegenheit zu einem Spaziergang genutzt. Zeche im Stehausschank »Bei Erika« DM 140,–, Taxifahrt DM 160,–.
Fester Vorsatz, einen Unterhaltungsroman zu schreiben.

12.06.
Arbeit am Gedichtband. Stimmen ignoriert. Danach intime Weinprobe.
Drehte noch zwei Runden über den Marienplatz, dann dramatischer Funkverkehr mit dem Tower. Kein Sprit mehr, Jungs, ich muß sofort runter.

14.06.
Tschechischer Schnaps, selbstgebrannt, aus einem Plastikkanister. Führt zu Kontraktionen. Danach sehr klar und rein über Feminismus nachgedacht. Ich glaube nicht, daß das was für mich ist.

16.06.
Mit Goethe zu Tisch. Er eröffnet mir, daß er meine Beobachtung über die blauen Schatten im Schnee, daß sie nämlich aus dem Widerschein des blauen Himmels entstehen, geprüft habe und für richtig anerkenne. Darauf einen Moskowskaba. Fiel dann noch über seinen Schlafrock.

17.06.
Noch immer elektrisiert. Haushaltsgeräte sprechen zu mir. Wohlwollend.

19.06.
Arbeit am Gedichtband. Wie immer vormittags nur Weinschorle.
Komme gut voran. Am späten Nachmittag dann Telefonat mit Goethe. Wir sprachen über Fürst Primas, des Fürsten Unzulänglichkeit in der Philosophie, sein dilettantischer Trieb zur Malerei, seine Weichheit.

20.06.
Ungarischer Aprikosenschnaps. Zu süß. Führt aber in großen Mengen zu exzellenten Wahnvorstellungen.

21.06.
Fühle mich musikalisch. Füttere die Mäuse. Furcht mit Eintreten der Dunkelheit. Fangeisen im Teppich, nahm das halbe Bücherregal mit.
Wiederbegegnung mit Friederike Kempner (der schlesische Schwan):
»Wehmütig,
Demüthig,
Viel verkannt und tief gebeugt
Ist der Mensch, vom Weib erzeugt.«

24.06.
Zehen völlig taub. Kein Schmerzempfinden, auch nicht in der offenen Flamme des Kaminfeuers. Es riecht nach verbranntem Horn.

25.06.
Arbeit am Gedichtband. Gottfried Benn redet mir rein. Nachmittags gemütlicher Umtrunk. Drei Flaschen Chianti. Zweistündiges Telefonat mit Alfred Hitchkock zwecks Verfilmung meines Lebens.

26.06.
?

28.06.
Starke Zweifel am eigenen lyrischen Leistungsvermögen.
Birnenschnaps und Pepsi Cola.
Sprach über eine Stunde mit dem Duschvorhang über die Gruppe 47.

29.06.
Jamben, Jamben, Jamben. Tee mit Rum und starke Zigarren. Dann Treffen mit Rudi in der Bahnhofswirtschaft, dem ich meine Taschenbuchrechte verkaufte. Perfekter Tag.

30.06.
Scharlachberg oder Mariacron, Vitamin-C-Tabletten. Starkes Verlangen nach weiblichem Geschlecht. Austausch von Zärtlichkeiten mit meinem Wintermantel.

01.07.
Fand heute mein blaues Sofa in der Parklücke vor dem Haus.

03.07.
Verweigerte Blutuntersuchung. Hätte gern das Desinfektionsmittel probiert, Schwester Irmi konnte mich allerdings mühelos zurückhalten. Flucht gelang in einem günstigen Moment.
...
Meinen irischen Lesern gewidmet.

Heiner Link, 04.04.2000

Ein Online-Ticket-Service wird hier nicht eingerichtet. Auch nicht in Kürze. Und ich schreibe das alles hier höchstselbst, altmodischerweise (für die Insider).

Was könnt ich euch denn heute berichten? Hatte gestern eine außerplanmäßige Lesung mit Ralf Bönt in der Bongobar. Marcus Braun mußte verletzt absagen, und ich bin ja der Thomas Häßler unter den Literaten. Ein Regisseur im vorgerückten Alter, der den ganzen Tag auf dem gepackten Köfferchen hockt und auf einen Anruf des Teamchefs wartet. (Für Freunde der Literatur und des Fußballs)

Also, gestern, so gegen 10, ich träumte gerade von, na ja, klingelt »der Telephon«, und Volker Isfort von der *Abendzeitung* ist dran. Ob ich einspringen könnte. Klar, sag ich, wie weit muß ich denn »hupfen«? So bin ich. Ein Profi durch und durch.
Wurde dann schon nach einer Viertelstunde ausgewechselt, nahm aber noch sechs schnelle Weißwein mit, Groupies waren auch keine da.
Mit einem Wort: Was mir fehlt, ist der Kultstatus. Einen Kultstatus wenn ich hätt, wär alles viel einfacher. (Für Freunde der bayerischen Syntax)

Nun zur Arbeit:

> **Identität ein Gedicht**
> **Szene III**
> Und der Geist des Menschen
> Chor Und der Geist des Menschen
> Tränen Und der Geist des Menschen.
> Chor Ja und der Geist des Menschen
> Natürlich der Geist des Menschen

Hat der hat das irgendwas zu tun mit ich bin ich weil mein kleiner
Hund mich kennt.
Was ist der Chor.
Chor Was ist der Chor.
Jedenfalls ist da das Problem der Identität.
Was nützt es ein kleiner Junge zu sein wenn man groß werden und
ein Mann sein muß.
Chor Nein der Hund ist nicht der Chor.
GERTRUDE STEIN.

Ja, langsam kommen wir hier zu Potte. Es geht um den kleinen Hund. Was ist der Chor? Der Hund ist jedenfalls nicht der Chor. Soviel steht fest.

Heiner Link, 06.04.2000

Pool-Party im Münchner Literaturhaus. Es lasen mehrere Autoren. Es trank Heiner Link. Und dann dies:

Also, es war so, daß ich mit Andrea (vergib mir, wenn Du Ursula heißt, oder Schaklin) geflörtet habe, aber Andrea fand mich nicht so toll, also war da eine andere mit einem kurzen Rock, so Sechzigerjahrefrisur, mehr weiß ich nimmer. Ich jedenfalls immer wie immer die alten, betrunkenen Männer sind, so mit antatschen und erweiterten Pupillen und praktisch parat, ja, und dann kam so ein Typ daher. Man sah gleich, der gehört auch dazu. Ich mag das ja nicht, ich bin ja mit den Mädels immer ganz gerne für mich. Kam jedenfalls dieser Typ daher, und ich sagte nur: Helmut, schaff das Teil weg, aber Helmut schaffte mich hinaus in die dunkle Nacht. Ich kannte mich gar nicht mehr aus, wie immer, und ich

sagte, Helmut, es ist so dunkel, aber Helmut sagte immer (sagte er mir heute zumindest, und ich bin geneigt, ihm zu glauben), es wäre alles in Ordnung, Helmut, sagte ich, bist du sicher, schließlich muß man im Leben differenzieren, aber Helmut drückte mich in dieses Auto, ein älteres Modell, glaube ich, ich habe dann pflichtgemäß nach vorne geschaut, am Steuer saß eiseisbaby, und daneben rutschte seiner Freundin der Rock hinauf, daß ich mir dachte, das Leben ist großartig.
Ich hätte ja die Hände jederzeit um des Fahrers Hals legen können, habe mich dann aber an Helmuts Schulter gelehnt, weil ich mir dachte, gut, das Leben ist großartig, aber die Möglichkeiten sind begrenzt. Es liegt an einem selber, die Phantasie galoppieren zu lassen.
Und dann waren wir plötzlich in Germering, und man rief ständig ins Auto hinein. Aussteigen, hieß es. Heiner! Aussteigen!
Ich wollte aber nicht aussteigen.
Weil ich ein Romantiker bin.
Das verstand man natürlich nicht. Ich habe dann auch gleich mit dem rumänischen Taxifahrer gerauft. Der wollte mich heimbringen. Helmut ging halbherzig dazwischen, Helmut, sagte ich, wenn ein Mord fällig ist, dann jetzt, und das verstand er auch umgehend

und seitdem besitzen wir ein Taxi
Helmut und ich

Heiner Link, 12.04.00 at 23:53:37

Lieber Heiner,

es stimmt nicht.
Du hast es versucht, aber den Rumänen getroffen hast du nicht.
Es war schon sehr, sehr nett von ihm, dich trotzdem noch nach Eichenau zu fahren.
Als du mich gestern gefragt hast – vor deinen Kindern –, ob das Taxi in meiner Garage steht, habe ich halt ja gesagt.
Aber da steht es nicht.
Ich habe folgerichtig auch die »Blutspuren nicht aus den Polstern entfernt«. Ebensowenig, wie ich »Ceausescus Leiche verbuddeln« mußte.
Nein, Heiner. Wir haben kein Taxi. Das ist die Wahrheit. Aber du darfst mich weiterhin »Herr Geheimrat« nennen. Darauf kommt es nun nicht mehr an.

Helmut Krausser, 13.04.00 at 12:37:56

Gestern abend die Rolf-Dieter-Brinkmann-Nacht im Atomic-Café in München. War nett. Norbert hat den Plane-Too-Song aus Westwärts 1&2 mit Gitarre und Gesang perfekt vorgestellt, und ich habe Brinkmanns Austrittszeugnis aus dem Gymnasium vorgelesen. Danach natürlich auch noch mein eigenes. Zum Vergleich. Wir sind ja beide nach der 10ten gegangen worden. Ich bin dann zwar Jahre später wieder auf die Schule, was sich Brinkmann geschenkt hat. Dafür war sein Versuch, im Finanzamt Oldenburg eine Beamtenlaufbahn einzuschlagen, mindestens so lächerlich wie meine 6 Semester Betriebswirtschaft. Mindestens.

Helmut hat mich wieder gut heimgebracht. (Danke, Herr Geheimrat!) Ich kann gar nicht mehr ohne Helmut ausgehen. Treffe ohne Hilfe nicht ins Taxi hinein. Von Gilching dann ohne Helmut, aber mit Norbert nach Eichenau. Ich erklärte dem Fahrer den Weg, dieser aber schien mir nicht recht zu trauen. Sind Sie sicher, sagte er andauernd. Sind Sie sicher. Sind Sie sicher. Die Uhr stand schon bei über 50 Euro. Sind Sie sicher, sind Sie sicher. Das reinste Nervenbündel. Bis ich dann sagte: Norbert: Tu den Revolver raus! Da hat er dann schon ein bißl gezuckt, aber wir mußten gleich so lachen. Und dann war er sich auch sicher.

So. In Zeiten der T-Aktie wollen wir die Lyrik nicht vergessen:

Die Krücken
Sieben Jahr wollt kein Schritt mir glücken.
Als ich zu dem großen Arzte kam,
Fragte er: Wozu die Krücken?
Und ich sagte: Ich bin lahm.

Sagte er: Das ist kein Wunder.
Sei so freundlich, zu probieren!
Was dich lähmt, ist dieser Plunder.
Geh, fall, kriech auf allen vieren!

Lachend wie ein Ungeheuer
Nahm er mir die schönen Krücken,
Brach sie durch auf meinem Rücken,
Warf sie lachend in das Feuer.

Nun, ich bin kuriert: ich gehe.
Mich kurierte ein Gelächter.
Nur zuweilen, wenn ich Hölzer sehe,
Gehe ich für Stunden etwas schlechter.
BERTOLT BRECHT

Wenn das nicht gut ist, freß ich ein paar Hölzer.

Heiner Link, 18.04.2000

Auch ein Gedicht:

Wer jung ist, hat mehr Geschmack als Geld
Das wird ja immer schöner!
Das ist schon ein starkes Stück!
...am wenigsten Geld
...Sortiment und Farbe
Sind wir nicht gut in Form?
Wir ruhen uns nicht auf unseren Polstern aus.
Wieder mal ... gegen den Strom
83/84
84/85
85/86
87
88
89
Garantie
91
92
Garantie
Garantie
95
1275,–
1198,–
398,–
Der schönste Ort der Welt. Zu Hause.
Entdecke die Möglichkeiten

25 Jahre IKEA
(»Danke für 25 Jahre Schleppen, Schrauben, Staunen und Freuen.«)

Heiner Link, 18.04.2000

Schickt mir Helmut grade per E-Mail, handabgetippt:
(»wie versprochen«, schrieb er)

von frauen
nichts können sein besseren einen mann denn onaniste, der lassen
allein denen frauen ihneren stinkenen futten, der lassen ihn
ihneren emanzipationen, ihneren rühren-nicht-an-mich-brusten;
der ihneren bauchen keinen einfüllen einen brut, denen der frauen
dann rausscheißen in geburten und sich ankleben mann seinen lebenlang
und der roboten für frauen und brut und hören ihnen schreienen: nix
gut du nix gut, und immer dann trockenwischen er den geschwollenen
blauenroten wangen an denen heulige, denen außen posaunenen
daß es sein einen rechtenlosen verquäligsten unterdrückenen
bis pressen er sein lippen auf den hand denen sauen.
ERNST JANDL.

Das iss nicht leicht abzutippen.

Heiner Link, 21.04.2000

Ich bin ich weil mein kleiner Hund mich kennt.
chor Das beweist nichts über dich es beweist nur etwas über den Hund.

Der kleine Hund erscheint aber nicht denn wenn er es täte gäbe es nichts zu befürchten.
Hunde riechen wie Hunde
Und Menschen riechen wie Menschen
chor Und ist die menschliche Natur überhaupt nicht interessant.

Jeder der einen Großvater hat hat einen Urgroßvater gehabt und dieser Urgroßvater hat einen Vater
gehabt. Das gilt eigentlich auch für eine Großmutter die eine Enkelin war und Großvater hatte einen Vater.
chor Das kann kein Hund sagen.
Ein Mann kommt.
Ja, es nützt eine Menge wenn ein Mann kommt aber wird er überhaupt kommen und wie gefällt es
dir wenn er kommt und aussieht wie ein anderer Mann.
chor Käme er nicht. Wie sähe das aus?

Und dann die Atemnot.
Der Ball hat den Hund in Atemnot gebracht!
Und so streunt der Hund herum
Niemand der einen Hund hat kann ihn vergessen
chor Es gibt keine Erinnerung im Geist des Menschen

Und macht ein Hund ein Geräusch
außer vielleicht wau wau
und ist das dann mein Publikum
und bin ich dann ich neben dem Hund

chor Ach wirklich Wie fein das gesagt ist.

`Heiner Link, 23.04.2000`

Was wollt ich denn eigentlich noch, was liegt mir denn andauernd auf der Zunge, richtig:

Zwischenspiel: Mandolinen und Mondschein. Bitte ankreuzen!

Einundfünfzig Gründe fürs Onanieren:

1) Beim Onanieren habe ich ein Gefühl der Zufriedenheit.
2) Ich onaniere gerne.
3) Ich onaniere gegen meine Depressionen.
4) Ich onaniere auch in der Badewanne.
5) Ich onaniere aus einem großen Freiheitsgefühl heraus.
6) Ich onaniere, um meinen Erfahrungshorizont zu erweitern.
7) Ich onaniere, um mich theoretisch auszudrücken.
8) Ich onaniere, weil ich Erfolg haben will.
9) Ich onaniere regelmäßig.
10) Ich onaniere auch mit dem Autoschlüssel in der Hosentasche.
11) Onanieren hat für mich etwas mit Frieden zu tun.
12) Ich onaniere, weil mich das Thema interessiert.
13) Ich onaniere zusätzlich.
14) Ich onaniere ergänzend.
15) Ich onaniere glänzend.
16) Ich onaniere schadenfroh.
17) Ich onaniere, weil das kreativ ist.
18) Ich onaniere nie zu Musik.
19) Ich onaniere, um Ängste abzubauen.
20) Ich onaniere auch vor meinem kleinen Hund.

21) Onanieren hat für mich etwas mit Glückseligkeit zu tun.
22) Ich onaniere auch aus finanziellen Gründen.
23) Ich onaniere, um die Enge meines Lebensraumes zu überwinden.
24) Ich onaniere, um eigene Vorstellungen durchzusetzen.
25) Ich onaniere, um mich zu vergewissern.
26) Ich onaniere auch stehend.
27) Ich onaniere aus hormonellen Gründen.
28) Ich onaniere im Wettlauf mit dem Zeitgeist.
29) Ich onaniere, weil ich für die Möglichkeit dankbar bin.
30) Ich onaniere schnell und langsam.
31) Onanieren hat für mich etwas mit Würde und Menschlichkeit zu tun.
32) Ich onaniere, seit ich geschlechtsreif bin.
33) Ich onaniere aus Gründen der Anerkennung.
34) Ich onaniere, um letzte Zweifel auszuräumen.
35) Ich onaniere, weil das komisch ist.
36) Ich onaniere nie zu bestimmten Zeiten.
37) Ich onaniere vor der Schreibmaschine.
38) Ich onaniere, um meinem Dasein einen Sinn zu geben.
39) Ich onaniere, um eine Gegenöffentlichkeit herzustellen.
40) Ich onaniere, um mich emotional zu orientieren.
41) Onanieren hat für mich etwas mit Improvisation und Spontaneität zu tun.
42) Ich onaniere auch im Ausland.
43) Ich onaniere auch mit Vorlage.
44) Ich onaniere, weil es gesund ist.
45) Ich onaniere im Alter zunehmend.
46) Ich onaniere aus Gründen der Neugierde.
47) Ich onaniere, um eine Schuld zu tilgen.
48) Ich onaniere, um frei zu werden.
49) Ich onaniere, um Beziehungen herzustellen.

50) Ich onaniere auch am Felsfenster, morgens.
51) Onanieren hat für mich etwas mit Streßabbau zu tun.

So ungefähr

Heiner Link, 24.04.2000

Ich will auch mal nach Bangkok. Aber die Drogen und die Mörder und das Essen und das alles. Und dann kenn ich mich am Flughafen nicht aus. So fängts schon mal an. Wär vielleicht doch zu aufregend für mich. Zum Maisinger See finde ich ohne Probleme. Da fall ich auch nicht auf, mit meiner Lederhose.

Genau besehen bietet das Leben schon Möglichkeiten, aber der Maisinger See hat einen schönen Biergarten
und dann muß man immer die allgemeine Lage sehn:

rom & wien
alle wege führen nach rom
daher hat rom
keinen sessellift

wien hat einen sessellift
dafür hat rom
keinen wiener bürgermeister
HERMANN JANDL

Und ich gehe ja ohne HelK gar nicht mehr aus.

Heiner Link, 28.04.2000

Es muß jetzt bald ein Ende her, da ich schon mit den Nerven zu tun habe.

Martin ruft an und sagt: Sehr schön. Jetzt müssen wir das bloß noch rund machen. Er ruft aus einer Telefonzelle an, von wo aus er auf sein Taxi wartet. Es gäbe auch negative Stimmen, sagt er, klar.
Er will mir eine Freude machen. Aber wie darf ich das verstehen. Ich bin doch kein heiliges Kugellager.

Das hier ist nicht die Straße, die zur Ewigkeit führt. Es handelt sich um eine ganz gewöhnliche Straße.

Und ich will nur sagen: Wenn sie den Reden des Herrn noch länger lauschen, sind sie verloren.

Aber wer ist der Herr?
Mein Gott, das weiß man doch aus dem Religionsunterricht.
Nicht zwingend, mein Herr, nicht zwingend.
Gott steckt in allem. Im neuen BMW Cabrio, in einer jeden Abteilungsleiterposition. Sehen Sie diesen 100-Mark-Schein?
Selbstverständlich.
Auch das ist nichts anderes als Gott.
Dieses Stück Papier soll Gott sein?
Selbstverständlich.

An dieser Stelle unserer kleinen Unterhaltung ließ mein Gegenüber gekonnt eine verchromte Fahrradklammer ins Hosenbein schnalzen. Ein Zeichen des Aufbruchs.
Das Landratsamt, sagte ich, werden Sie auf diesem Weg nicht finden.
Aber ich suche doch gar nicht nach dem Landratsamt.
Das sagen alle, sagte ich.
Aber ich schwöre es, bei meiner Luftpumpe.

Erst jetzt fiel uns die Landschaft auf, die uns umgab. Eine parkähnliche Marschlandschaft, Menschenansammlungen, der Wind trug rufende Stimmen kühn zu einem grotesken Konzert zusammen, Vögel fielen wie geworfene Kanonenkugeln durchs Bild. Es schien fünf Uhr nachmittags zu sein. Am Horizont suchten ein paar Krähen das Weite.

Wie heißen Sie, fragte ich ihn.
Er wußte es nicht.
Fangen Sie nicht an, bockig zu werden, sagte ich.
Nicht ohne Entrüstung.
Er schwor es bei seiner 21-Gang-Schaltung.
Sein Lächeln gefiel mir nicht. Personal, das so spät auftritt, hat meist nichts Gutes zu bedeuten. Glauben Sie nicht, den Fall nun abschließend ratifizieren zu können? fragte er.
Na bitte.
Es muß alles seine Ordnung haben, sagte er. Ich schlage daher vor, daß wir eine Tabelle erstellen.
Eine Tabelle?
Jawohl, eine Tabelle. Mittels einer Tabelle läßt sich aus unterschiedlichsten Ausgangswerten jederzeit ein schlüssiges und nachvollziehbares Bild darstellen.
Mit Grafik?
Selbstverständlich.
Temperatur?
Siebzehnfünf.
Ich hätte Neunzehn geschätzt.
Siebzehnfünf ist Anfang Mai nicht ungewöhnlich niedrig.

Heiner Link, 02.05.2000

Kurzer Abriß über die Identität

Du
(Ja, ja)
Bist nicht allein
(Oh nein)
Dein Name sei Klein
(Kann sein)
Weil es das gi-ibt

Du
(u-u)
Du wirst geliebt
(na-na)
Das Wunder geschieht
(da-da)
Bei uns im Verei-ein

(Refrain:) Wunder
Gibt es immer wieder
Heute mehr als ge-estern
Wie sollt es anders sein
Wunder
Prasseln auf uns nieder
Uns Brüder und uns Schwe-estern
Regnen sie jetzt ein

Ich
(o-o-o)
Ich weiß genau
(lala)
Du bist eine Frau
(genau)
Und bist auch ein Ma-ann

Ich
(ichich)
Weiß außerdem
(oho)
Ihr beiden wollt sehn
(spritzspritz)
Obs heiß werden ka-ann

(Refrain:) Wunder
Gibt es immer wieder
Morgen mehr als heu-eute
Das ist leicht zu verstehn
Wunder
Zum Beispiel neue Lieder
Ich sags euch, liebe Leu-eute
Wern euch im Kopf rumgehn
Wir
(Ha-ha-ha)
Sind nicht allein
(Oh nein)
Wir heizen euch ein
(tcha-tcha)
Bis ihr fast verglü-üht

Uns
(Schwitz)
Ist er dann wurscht
(Keuchkeuchkeuch)
Euer Scheiß Durscht
(Stöhnstöhn)
Denn alles was kü-ühlt

(Sind:) Wunder
Die gibt es immer weiter
Drum bleibe du ganz heiter
Uns fällt da schon was ein
Wunder
Es gibt sie alle Tage
Und werden sie zur Pla-age
Dann soll es wohl so …

(und jetzt alle:) Wunder …

Norbert Niemann, 05.05.2000

Genf, Samstag, 6. Mai 2000, Hotel Crowne Plaza, 21.12 Uhr, Zimmer 222 (Raucherzimmer). Welcome Mr. Heiner Link!

Was soll ich mir Genf anschaun? Warum sollte ich mein Hotelzimmer verlassen? Ich fühle mich ganz wohl hier. Alleine (Goethe), was ich nicht verstehe: Wie kommt ein Mann wie Wolfgang Hilbig mit dem Inhalt einer Hotelzimmerminibar aus?

Es ist bekannt, daß jemand, der jemand ist, niemals alleine ist. Nur wenn sein Hündchen nicht da ist, ist er allein. Der kleine Hund dagegen ist doch nicht allein. Wäre er allein, wäre er gar nicht da, das ist doch klar. Die generelle Ablehnung von Hotelzimmern als gemütliche Wohneinheiten also hat angesichts dieser Erkenntnis etwas reichlich Unlogisches, gelinde gesagt. Aber lassen Sie mich vorauseilen und ein letztes Gedicht an Sie richten:

Der Tag, an dem das verschwand

Am Tag, an dem das verschwand,
da war die uft vo Kagen.
Den Dichtern, ach, verschug es gatt
Ihr Singen und ihr Sagen.

Nun gut. Sie haben es veroren
Etwas Neues schien geboren
Doch die Dichter sind eastisch
Dichten ohne fantastisch

Beten ihrem Häupting nach
Daß sich füt der Amanach
Schapp und Schwänze nennt der sie
Ist doch Werbung sagen die

Dichten fortan ohne
Haten das für origine

Jedoch:

Soang das nicht wiederkehrt,
muß aes Fickwerk beiben.

Jetzt hat mich der Rhythmus auch noch verlassen. Die Sonne ist soeben prächtig untergegangen, und die Filmschauspielerinnen und Filmschauspieler schauen melancholisch aus ihren Fenstern zum Horizont hinüber, und zwar in der Hoffnung auf den grünen Streifen, der Glück bringen soll. Diejenigen, die nicht aus den Fenstern schauen, kochen Gemüseauflauf. Mit Béchamelsauce, Mehl, Milch und solchen

Sachen, möglichst klumpenfrei verrührt. Bilder flutschen ihnen durch den Kopf, während ich an zarte Damenschritte neben mir denke. Ist das nicht normal?

Gut, also, dann werde ich morgen beim »SALON
INTERNATIONAL DU LIVRE ET DE LA
PRESSE A GENEVE« wieder mal eine längere Trommeleinlage geben. Sie sollen an mich glauben. Wenn schon überall Preisschilder kleben,
muß ich jede Gelegenheit zum Trommeln nutzen.

Und jetzt wirds zum Schluß noch mal richtig
spannend. Der Virus
I LOVE YOU
legt mich lahm. Ich komme nicht ins Netz.
Und wie ich höre, heißt der Virus auch
JOKE.

Das ist doch kein schlechtes
ENDE
18.05.2000

Nachwort mit Richtigstellungen

Das Nachwort schreibe ich selber, weil das billiger ist. Außerdem weiß man ja nie, mit welchen fadenscheinigen Argumenten im Klappentext hantiert wird.

Dieses Buch ist in der Zeit vom 13.05.1999 bis 18.05.2000 im Internet (www.heinerlink.de) entstanden. Sie mögen den Titel »Mein Jahrtausend« ein wenig übertrieben finden, ich aber sage: Es war an der Zeit, in die Vollen zu gehen. Ich habe mir redlich Mühe gegeben, den Leser zu unterhalten. Das war das Ziel, und dafür war mir nichts zu schade.

Bei SIEMENS muß ich mich entschuldigen, weil mir die ja nun wirklich nichts getan haben, auch bei Goethe und Freddy Quinn. Der Brief an Goethe stammt aus des Meisters Hand höchstselbst, nicht aus meiner (ich habe nur lektoriert), und das Interview mit Freddy Quinn hat natürlich nie stattgefunden. Die Antworten stimmen zwar (einem ZEIT-Interview entnommen), aber ich habe die Fragen dazu erfunden. Eine völlig neue Technik übrigens, die ich Borderline-Literatur nenne. Ich gehe davon aus, daß man das wissenschaftlich registriert. Wozu sonst all die Arbeit?

Der kursiv gesetzte Fremdtext in Kapitel 6 ist von Michael Lentz. Bei dem Gedicht DANKE (album, Kapitel 21) habe ich die kursiven Stellen von Rolf-Dieter Brinkmann geklaut (wahllos und nicht zusammenhängend), dafür stammen große Teile des nicht kursiven Teiles aus meinem ersten Buch (HUNGERLEIDER, Berlin, 1997). Ich finde, das ist ganz hübsch geworden. Teile des Kapitels 27 sind ebenfalls aus meinem ersten Buch, das ist mir aber erst aufgefallen, als es zu spät war.

Kapitel 28 ist nicht getürkt, das kann ich belegen. Die Originalfaxe sind bei meinem Rechtsanwalt hinterlegt.

Was war noch, ach so, ja, Robert Gernhardt hat mir leider nie eine E-Mail geschickt, ich wollte nur die Kollegen Krausser, Niemann und Oswald, denen hiermit für die Mitarbeit herzlichst gedankt sei, beeindrucken. Wenn man keinen Erfolg hat, muß man sich was einfallen lassen. Das Gedicht »Der Tag, an dem dem das verschwand«, ist eine Coverversion auf ein gleichnamiges Gedicht von Robert Gernhardt.

Den Weßlinger Bürgermeister hat man übrigens tatsächlich auf mein Buch (*Affen zeichnen nicht*, Leipzig 1999), in dem eine Geschichte im oberbayerischen Weßling verortet ist, angesprochen, und er hat tatsächlich und wörtlich ausrichten lassen: »Wenn er kommt, können wir über alles reden.« Auch wenn ich mir eine Menge zutraue: Das hätte ich nicht erfinden können.

Fast hätte ich jetzt vergessen, noch mal extra darauf hinzuweisen, daß mein Sauftagebuch eine Coverversion von Eugen Egners »Aus dem Tagebuch eines Trinkers. Das letzte Jahr« (erschienen bei Haffmanns und Goldmann) ist. Das hat man übrigens noch zu Internetzeiten gemerkt und auch sofort richtig reagiert. Link ist ein B-Schriftsteller, schrieb eine Zeitschrift, deren Namen mir leider entfallen ist. Ich nehme an, der zuständige Redakteur verfolgt mein Werk auch weiterhin, und bitte ihn auf diesem Weg, sich bei mir zu melden, damit ich mich bedanken kann. Der WIENERWALD wiederum könnte sich langsam mal bei mir bedanken, hat er doch in jedem meiner Bücher bisher eine zentrale Rolle gespielt. Na ja. Undank ist der Welten Lohn.

Sicher habe ich jetzt vergessen, das eine oder andere zu erwähnen. Ich bitte um Nachsicht. Ich arbeite eben gerne mit Material.

Die Identität meiner derzeitigen Lieblingsfreundin kann ich hier leider nicht preisgeben, bitte verschonen Sie mich mit entsprechenden Anfragen. Vielleicht haben Sie Verständnis dafür, wenn ich Ihnen sage, daß bis dato über 8600 Anrufe und insgesamt ca. 72000 Bewerbungen (mit der Bitte, diese an die entsprechende Dame weiterzuleiten) bei mir eingingen (eingegangen sind). Das hat mich doch ein wenig erschöpft, zeigt aber, welche Wirkung Literatur heutzutage immer noch haben kann, vorausgesetzt, der Autor bockt nicht und denkt beim Schreiben auch an den Leser und dessen Bedürfnisse. Ich denke, das ist hier geschehen.

Heiner Link, München, im August 2000

Bildnachweis

Album Kapitel 01: Zeitungsausschnitt (Spiegel)
Album Kapitel 02, 04, 09, 11, 19, 23, 29, 30, 38, 40: Foto privat
Album Kapitel 03: Cover Bravo Nr. 35/1958
Album Kapitel 05, 32, 33, 34, 35, 37, 39, 43: Zeitungsausschnitt unbekannter Herkunft
Album Kapitel 06: Werbeanzeige (Mode)
Album Kapitel 07: Ölbild Privatbesitz Heiner Link
Album Kapitel 08: Fernsehprogramm 19./20. August 1958
Album Kapitel 10: Werbeanzeige Siemens, Ausschnitt, verzerrt
Album Kapitel 12: Werbeanzeige Strümpfe
Album Kapitel 13: Werbeanzeige Lebensmittel-Großhandel
Album Kapitel 14: Werbeanzeige Capital, Ausschnitt, verzerrt
Album Kapitel 15: Werbeanzeige collagiert, Polizeihunde
Album Kapitel 16: Foto Freddy Quinn, 1958 (Bravo)
Album Kapitel 17: Quelle Katalog (Ausschnitt)
Album Kapitel 18: Lara Croft, verzerrt
Album Kapitel 20: Sportteil Bildzeitung, Ausschnitt
Album Kapitel 21: Toilettenpapier, 100 % Altpapier
Album Kapitel 22: Werbeanzeige Kindermoden, Auschnitt
Album Kapitel 24: Katalogfoto Doppelrippunterwäsche
Album Kapitel 25: Cover Zitty, Nr. 23/99
Album Kapitel 26: Werbeanzeige Füllfederhalter
Album Kapitel 27: Deuticke Kalender 1999, H. Qualtinger
Album Kapitel 28: Werbeanzeige Bekleidung
Album Kapitel 31: Werbeanzeige Toilettenpapier
Album Kapitel 36: Zeitungsausschnitt (Die Zeit)
Album Kapitel 41: Cover: Die Piloten, R. D. Brinkmann, Kiepenheuer & Witsch
Album Kapitel 42: Werbeanzeige Capital